Les cahiers **d'exercices** ASSiMiL®

Anglais

LV1 — Collège 6e — LV1

Hélène Bauchart

À propos de ce cahier

Le cahier que tu t'apprêtes à découvrir est divisé en 3 parties : une consacrée à la grammaire, une à la prononciation, dans laquelle tu apprendras quelques règles à connaître pour partir du bon pied, et une à la culture et à la civilisation, dans laquelle tu découvriras quelques aspects des pays anglophones. La méthode du cahier repose sur une construction progressive des connaissances, que tu pourras assimiler de manière rapide et motivante tout en t'amusant. Au fil des pages, elle te permettra d'apprendre à échanger efficacement en anglais. Nous te conseillons de faire les sections et les unités dans l'ordre où elles apparaissent. Pourquoi ? Parce que tu auras besoin d'avoir acquis les connaissances grammaticales de chaque unité pour passer à la suivante, puis pour effectuer la partie « Culture et civilisation », qui est conçue de manière à réactiver tes nouvelles compétences dans un contexte plus large. Dans cette partie, les mots de vocabulaire déjà croisés, très transparents, déductibles en contexte ou à partir de ce que tu connais n'ont pas été traduits, pour solliciter ta réflexion. Il est en effet important que tu apprennes à construire ou déduire du sens à partir des connaissances dont tu disposes.

Pour la prononciation, le tableau des sons fourni sur le rabat de la couverture te donnera quelques repères pour démarrer dans l'apprentissage. Tu verras que les sons sont donnés entre crochets. Ils correspondent à des sonorités françaises proches des sons anglais.

D'un point de vue pratique, ce cahier permet de t'autoévaluer à plusieurs niveaux : après chaque exercice, dessine l'expression de tes icônes : pour une majorité de bonnes réponses, pour environ la moitié et pour moins de la moitié. À la fin de chaque unité, reporte le nombre d'icônes de ces exercices et, en fin d'ouvrage, fais le bilan en reportant les icônes des fins d'unités dans le tableau général fourni.

Allez, à toi de jouer maintenant ! C'est parti !

Sommaire

Grammaire

Unité 1
Décrire un objet ou une personne et parler de soi

L'alphabet

A	[èï]	**F**	[èf]	**K**	[kèï]	**P**	[pi]	**U**	[iou]
B	[bi]	**G**	[dji]	**L**	[èl]	**Q**	[kiou]	**V**	[vi]
C	[si]	**H**	[èïtch]	**M**	[èm]	**R**	[â^{r}]	**W**	[deub^{eu}liou]
D	[di]	**I**	[aï]	**N**	[èn]	**S**	[ès]	**X**	[èks]
E	[i]	**J**	[djèï]	**O**	[^{eu}-ou]	**T**	[ti]	**Y**	[ouaï]
						Z	[zèd] / ([zi] aux É.-U.)		

1 Réunis les couples lettre/prononciation.

Q C G U X A I W

[aï] [èï] [si] [èks] [dji] [iou] [kiou] [deub^{eu}liou]

2 Qui le professeur appelle-t-il ?

1. [èn] [^{eu}-ou] [èï] [èïtch] → ....
2. [djèï] [aï] [èm] → ....
3. [èl] [i] [èn] [èn] [ouaï] → ....

Les pronoms personnels sujets (PPS)

je	tu	il	elle	sujet neutre	nous	vous	ils/elles
I	**you**	**he**	**she**	**it***	**we**	**you**	**they**
[aï]	[i**ou**]	[H**i**]	[ch**i**]	[**i**t]	[ou**i**]	[i**ou**]	[DH**è**ï]

* S'emploie pour les objets, les animaux et dans les tournures impersonnelles (« c'est... »).

3 Indique le PPS correspondant à chaque personnage.

1. ....

2. ....

3. ....

4. ....

4 Sophia a mal traduit certains PPS. Corrige sa copie.

1. Je → we
2. Tu → you
3. Il → she
4. Elle → she
5. Sujet neutre → it
6. Nous → you
7. Vous → we
8. Ils/elles → they

Le verbe être

To be [tou b**i**] (**to** est la marque de l'infinitif) se conjugue comme suit :

✓ FA, forme affirmative	**Forme pleine** I am [aï am] You are [i**ou** **â**^{r}] She/he/it is [chi/H**i**/it iz] We/you/they are [oui/i**ou**/DHèï **â**^{r}]	**Forme contractée*** I'm [aïm] You're [i**ou**-^{eur}] She's [chiz], he's [Hiz], it's [its] We're [oui-^{eur}], you're [i**ou**-^{eur}], they're [DHè-^{eur}]
? FI, forme interrogative	Am I? - Are you? - Is he/she? - Are we/you/they? **À noter :** Lorsqu'on répond à une question par *oui* ou *non*, on complète cette réponse en reprenant le pronom et l'auxiliaire (ex. : **Are you happy? Yes** [iès], **I am**, ou **No** [n^{eu}-ou]**, I am not** ou **I'm not**. **Is it a bee? Yes, it is/No, it's not/it isn't**). Inutile de répéter l'adjectif ou le nom, en revanche. Quand la réponse est affirmative, note qu'on ne peut pas employer la forme contractée.	
X FN, forme négative	**Forme pleine** I am not You are not She/he/it is not We/you/they are not	**Forme contractée** I'm not You're not *ou* you aren't She/he/it's not *ou* she/he/it isn't ['iz^{eu}nt] We/you/they're not *ou* we/you/they aren't ['ât]

* Tu verras que les formes contractées ne s'utilisent pas à l'écrit, mais à l'oral seulement.

5 Classe les PPS suivants dans la bonne colonne du tableau :

I, they, she, you, it, he, we.

is/'s	are/'re	am/'m

6 Mets les phrases à la forme indiquée.

1. They are FI (?) → ....
2. Am I? FN (X) → ....
3. She is not FI (?) → ....
4. It's not FI (?) → ....
5. He's FN (X) → ....
6. Is he? FA (✓) → ....
7. You're not FA (✓) → ....
8. I'm FN (X) → ....

Premiers contacts

- Pour **aborder quelqu'un et te présenter**, tu diras : **Hello/Hi**[1]**, I am** ou **my**[2] **name is/'s**… [H$^{eu'leu}$-ou/Haï, maï 'nèïm iz/'nèïmz] ➜ *Bonjour, je m'appelle*… Puis, tu pourras ajouter : **What's your name?** [ouots iô 'nèïm] ➜ *Comment vous appelez-vous/t'appelles-tu ?*

- Si tu veux **demander à quelqu'un comment il va**, fastoche : **How are you?** ['Ha-ou **â**^{r} i**ou**]. Il faut connaître quelques adjectifs pour savoir répondre ou comprendre la réponse : **I'm fine, thanks, and you?** [aïm 'faïn, 'THanks, and i**ou**] ➜ *Je vais bien, merci, et toi/vous ?* Voici d'autres adjectifs :

  - **all right** [**ô**l 'raït], ça va
  - **great** ['grèït], *super*
  - **not well** [not 'ouèl], *pas bien*
  - **terrible** ['tèr^{eu}b^{eu}l], *très mal*
  - **(very) well** ['vèri 'ouèl], *(très) bien*

[1] **Hi** est moins soutenu, il signifie *salut !* [2] Ne retiens que ces deux pronoms possessifs (**my** et **your**) pour l'instant, nous verrons les autres bientôt dans cette unité.

7 **Complète les bulles suivantes à l'aide des mots fournis précédemment.**

8 Qui suis-je ?

1. "I'm terrible!"
2. "I'm great!"
3. "I'm all right!"

a.

b.

c.

9 Remets les lettres dans le bon ordre.

I'm LTRIERBE!
→ a. ....

I'm not NEIF...
→ b. ....

I'm LEWL, thank you!
→ c. ....

Are you LAL THGIR?
→ d. ....

I'm TEARG!
→ e. ....

Adjectifs attributs

Nous parlerons des adjectifs de manière plus détaillée dans la suite de cette unité, mais nous pouvons déjà utiliser les quelques adjectifs attributs qui suivent, ainsi que ceux précédemment vus (rappel : un adjectif attribut est séparé du sujet par un verbe d'état du type « être » ; il se place alors après le verbe).

Retiens aussi dès maintenant que tous les adjectifs sont invariables en genre et en nombre :

- 1 **girl** (*fille*) → **She's happy.**
- 1 **boy** (*garçon*) → **He's happy.**
- 1 **boy** + 1 **girl** → **They're happy.**

Quelques autres adjectifs courants :

happy ['Hapi], *heureux*

sad ['sad], *triste*

angry ['angri], *en colère*

tired ['taï^{eu}d], *fatigué*

sorry ['sori], *désolé*

good ['goud], *bon*

bad ['bad], *mauvais*

sick ['sik], *malade*

10 Complète les phrases suivantes en t'aidant du tableau.

1. 	2. 	3. 
4. 	5. 	6. 

1. ……………………………? Yes, she is.
2. Is the dog sick? ……………………………
3. ……………………………? No, it's not.
4. Are they happy? ……………………………
5. Is the cake bad? ……………………………
6. Is he angry? ……………………………

11 Reformule les énoncés suivants à l'aide du PPS qui convient, ainsi que des adjectifs appris précédemment.

1. Paula is not happy ➜ …………………………… is …………………………… .

2. The cake is …………………………… …………………………… ➜ …………………………… is good.

12 Liam a besoin d'aide pour traduire les phrases suivantes. Peux-tu l'aider en donnant les formes pleines et contractées ?

1. Les garçons ne sont pas fatigués.

1. ……………………………/ ……………………………

2. Je suis désolé.

2. ……………………………/ ……………………………

3. Est-elle en colère ?

3. ……………………………/ ……………………………

4. Tu n'es pas malade.

4. ……………………………/ ……………………………

Articles définis et indéfinis

Première chose à savoir : les noms anglais n'ont pas de genre (masculin ou féminin).

- En anglais, l'article indéfini est **a**. Il est invariable et signifie *un* ou *une*. Il se prononce [^{eu}] si le nom qui le suit commence par une consonne. On utilise **an** [^{eu}n] si le nom qui suit commence par une voyelle. Ex. : **a car** [^{eu} 'kâ^{r}], *une voiture* ; **an apple** [^{eu}n 'ap^{eu}l], *une pomme.*

- L'article défini est **the**. Il est invariable et signifie donc *le*, *la*, *les*. Tu devras le prononcer [DH^{eu}] si le nom qui suit commence par une consonne et [DHi] s'il commence par une voyelle. Ex. : **the car(s)** [DH^{eu} 'kâ(z)], *la/les voiture(s)* ; **the apple(s)** [DHi 'ap^{eu}l(s)], *la/les pomme(s).*

Banque de mots

apple ['ap^{eu}l], *pomme*	**egg** ['èg], *œuf*
ball [bôl], *balle*	**elephant** ['élif^{eu}nt], *éléphant*
boy ['boï], *garçon*	**girl** ['geul], *fille*
car ['kâ^{r}], *voiture*	**man** ['man], *homme*
cat ['kat], *chat*	**umbrella** ['ambrèl^{eu}], *parapluie*
dog ['dog], *chien*	**woman** ['oum^{eu}n], *femme*

13 Complète les espaces par **a** ou **an**.

1. .... umbrella
2. .... ball
3. .... man
4. .... egg
5. .... boy
6. .... elephant
7. .... girl
8. .... woman

14 Comment se prononce **the** dans les énoncés suivants ? Relie les propositions au bon carton !

1. the apple ☐
2. the dog ☐
3. the egg ☐
4. the ball ☐

[DH^{eu}]

[DHi]

15 **Alan fait réviser sa sœur en lui demandant de traduire 4 énoncés, mais celle-ci a du mal. Peux-tu lui souffler les réponses ?**

1. un chat → ....
2. le garçon → ....
3. un parapluie → ....
4. la femme → ....

Le pluriel des noms

Le pluriel des noms se forme généralement en ajoutant un **-s** à la forme du singulier (ex. : **the dogs**, *les chiens*). Attention cependant, car certaines terminaisons de singulier nécessitent de petites adaptations :

Terminaison du singulier	Désinence plurielle
-x, -s, -ss, -sh, -ch	**-es** Ex. : **box** ['boks] → **boxes** ['boksiz] ; **class** ['klas] → **classes** ['klasiz].
-y	**-ies**, sauf si le « y » est précédé d'une voyelle. Ex. : **baby** ['bèïbi] → **babies** ['bèïbiz] ; **key** ['ki] → keys ['kiz].
-f, -fe, -lf	**-ves** Ex. : **leaf** ['lif] → **leaves** ['livz] ; **wife** ['ouaïf] → **wives** ['ouaïvz].
-o	**-oes** Ex. : **potato** [p^{eu}'tèït^{eu}-ou] → **potatoes** [p^{eu}'tèït^{eu}-ouz].

Il existe aussi des pluriels irréguliers à apprendre par cœur :

child ['tchaïld], *enfant* → **children** ['tchildr^{eu}n] ;

foot ['fout], *pied* → **feet** ['fit] ;

man → **men** ['mèn] ;

mouse ['ma-ous], *souris* → **mice** ['maïs] ;

tooth ['touTH], *dent* → **teeth** ['tiTH] ;

woman → **women** ['ouimin].

Retiens aussi dès maintenant que les vêtements à deux jambes (singuliers en français) sont pluriels en anglais. Ils sont donc suivis d'un verbe au pluriel (ex. : **jeans**, *un jean* ; **pyjamas**, *un pyjama* ; **trousers**, *un pantalon*).

16 M. Sin Gular souffre d'une maladie rare : il n'arrive plus à mettre les noms au pluriel. Donne-lui un coup de main !

1. half → ....
2. cat → ....
3. egg → ....
4. mouse → ....
5. life → ....
6. man → ....
7. tooth → ....
8. fox → ....
9. bus → ....
10. tomato → ....
11. family → ....
12. child → ....
13. lady → ....
14. wolf → ....
15. elephant → ....
16. boy → ....
17. girl → ....
18. umbrella → ....
19. kiss → ....
20. brush → ....
21. church → ....

La localisation

Pour interroger sur la localisation, tu as besoin du pronom interrogatif **where** [ouè-[eur]], qui signifie *où*. Tu devras alors le placer en tête de phrase dans la question suivante : **where** + **to be** + sujet.
Ex. : **Where's** [ouè-[eu]z] **the dog? Where are** [ouè-[eur] â[r]] **the dogs** ['dogz]?
→ *Où est/sont le(s) chien(s) ?*

• **Prépositions de lieu sans mouvement :**

above [[eu]'bov], *au-dessus de*
behind [bi'Haïnd], *derrière*
between [bi'touin], *entre*
in ['in], *dans*
in front of [in 'front [eu]v], *devant*
near ['ni[eur]], *près de*
next to ['nèkstou], à côté de
on ['on], *sur, dessus*
under ['eund[eur]], *en dessous*

Elles sont suivies d'un nom (ex. : **the cat is on the bed** → *le chat est sur le lit*).

• **Adverbes de lieu :**

downstairs ['da-ounstè[eu]z], *en bas*
here ['Hi[eur]], *ici*
there ['DHè[eur]], *là-bas*
upstairs ['eupstè[eu]z], *en haut*

Ils ne sont pas suivis d'un autre élément (ex. : **the girl is there/upstairs**)
→ *la fille est là-bas/en haut.*

The house ['Ha-ous], la maison

- **Bathroom** ['bâTHroum], *salle de bains*

bath ['bâTH], *baignoire*

bathroom sink ['bâTHroum 'sink], *lavabo*

shampoo [cham'pou], *shampooing*

shower ['cha-ou-^{eur}], *douche*

soap ['s^{eu}-oup], *savon*

toothbrush ['touTHbreuch], *brosse à dents*

toothpaste ['touTHpèïst], *dentifrice*

towel ['ta-ou-^{eu}l], *serviette*

- **Bedroom** ['bèdroum], *chambre*

bed ['bèd], *lit*

lamp ['lamp], *lampe*

wardrobe ['ouôdr^{eu}-oub], *armoire*

- **Kitchen** ['kitch^{eu}n], *cuisine*

bottle ['beut^{eu}l], *bouteille*

chair ['tchè^{eur}], *chaise*

cooker ['kouk^{eur}], *cuisinière*

cup ['keup], *tasse*

fork ['fôk], *fourchette*

fridge ['fridj], *réfrigérateur*

glass ['glas], *verre*

knife ['naïf], *couteau*

oven ['euv^{eu}n], *four*

plate ['plèït], *assiette*

sink ['sink], *évier*

spoon ['spoun], *cuillère*

stove ['st^{eu}ouv], *gazinière*

table ['tèïb^{eu}l], *table*

- **Living room** ['living roum], *salon*

armchair ['âmtchè-^{eur}], *fauteuil*

sofa ['s^{eu}-ouf^{eu}], *canapé*

television ['tèl^{eu}vij^{eu}n], *télévision*

- **Other** ['euDH^{eur}], *autres*

box ['boks], *boîte*

carpet ['kâpit], *tapis*

cellar ['sèl^{eur}], *cave*

curtain ['keut^{eu}n], *rideau*

door ['dô^{r}], *porte*

floor ['flô^{r}], *sol*

garage [g^{eu}'raj], *garage*

garden ['gâd^{eu}n], *jardin*

roof ['rouf], *toit*

stairs ['stè^{eu}z], *escaliers*

window ['ouind^{eu}-ou], *fenêtre*

17 Réponds de manière développée aux questions de la mère de Paul et Louisa.

1. Is Louisa in the kitchen?
→ ....
....

2. Is Paul in the bathroom?
→ ....
....

3. Is the cat in the living room?
→ ....
....

18 Qu'est-ce que le père de Paul vient de lui demander ?

1. ....?
It's behind the door.

2. ....?
She's in the garden.

3. ....
....?
It's on the roof.

4. ....
....?
It's on the floor.

5. ....
....?
They are behind the shampoo.

19 Where is Mr Moustache? Entoure la bonne proposition (A), puis relie chaque dessin à la bonne description (B).

A.

1. 
2. 
3. 
4. 

1. Mr Moustache is here – there.
2. Mr Moustache is here – there.
3. Mr Moustache is upstairs – downstairs.
4. Mr Moustache is upstairs – downstairs.

B.

1. ☐ ☐ a. It's in the box.
2. ☐ ☐ b. It's on the box.
3. ☐ ☐ c. It's above the box.
4. ☐ ☐ d. It's between the boxes.
5. ☐ ☐ e. It's under the box.
6. ☐ ☐ f. It's in front of the box.
7. ☐ ☐ g. It's near the box.
8. ☐ ☐ h. It's behind the box.

20 Complète les schémas suivants avec le vocabulaire adéquat.

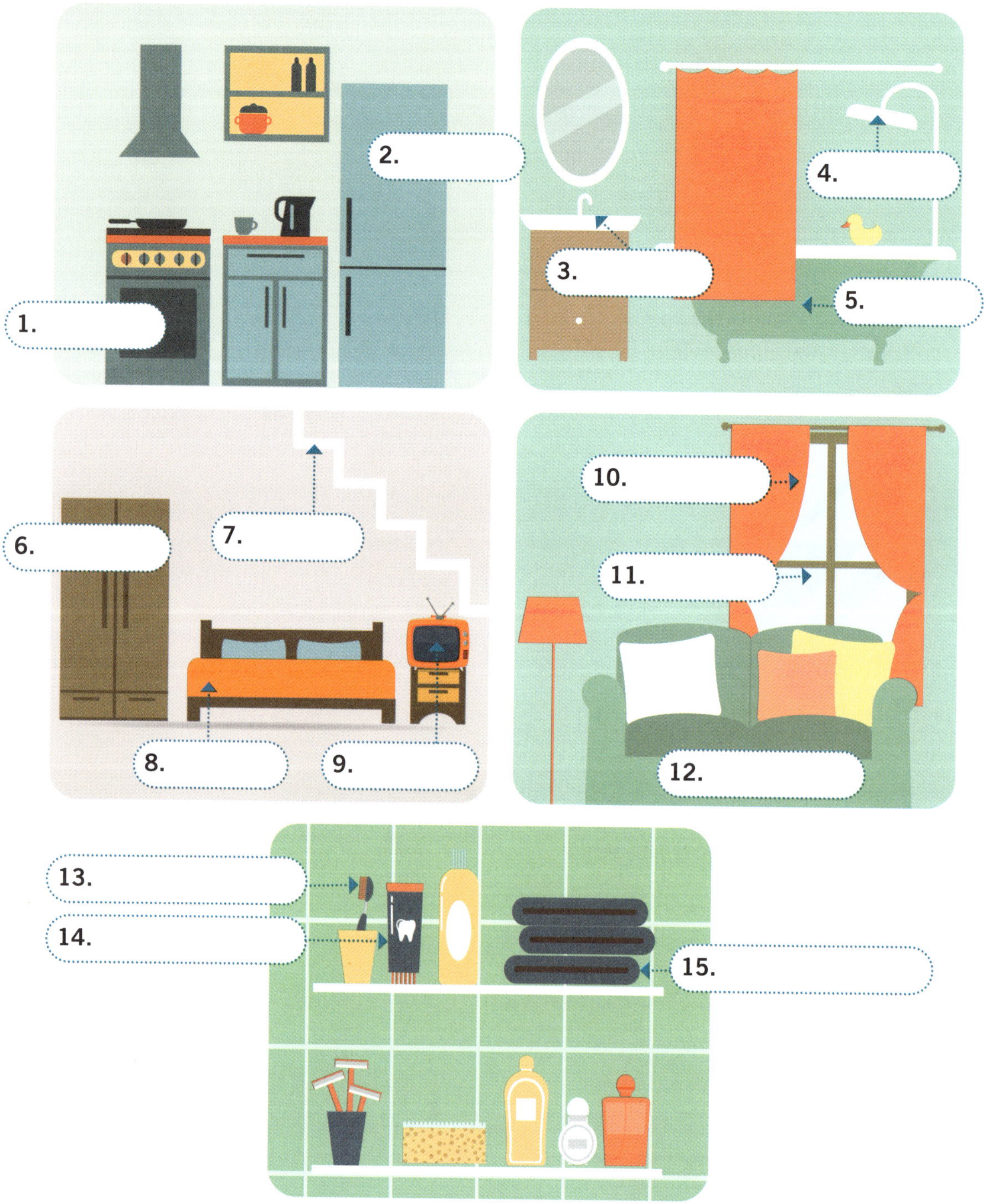

Les adjectifs possessifs

Ils sont invariables et s'accordent avec le possesseur :

my [maï] ➜ *mon, ma, mes* ;

your [iô^{r}] ➜ *ton, ta, tes* ;

his [Hiz], **her** [Heu^{r}], **its** [its] ➜ *son, sa, ses* pour un homme, une femme et un animal/objet ;

our [a-ou^{eur}] ➜ *notre, nos* ;

your [iô^{r}] ➜ *votre, vos* ;

their [DHè-^{eur}] ➜ *leur(s).*

Lorsqu'on se présente, au lieu de dire **I am...**, on peut aussi dire **My name is...** (➜ *Je m'appelle...*). Pour demander le nom de quelqu'un, on dira : **What is/'s your name?** En anglais, le nom de famille est appelé **last name** ['last nèïm] et le **first name** ['f**eu**st nèïm] est le prénom.

21 **A.** Traduis la phrase suivante, puis épelle le nom de famille.

« Je m'appelle Mary Sanders »

Traduction :

➜ ....

[ ][ ][ ][ ][ ][ ]

B. Complète sa carte d'identité.

C. Complète avec ton nom et ton prénom.

« Je m'appelle

....

.... »

Traduction :

→ ....

My first name is : ....

My last name is : ....

22 Présente les personnages suivants en complétant les espaces.

1. She'...... Vera Norman.
 .... name is Vera Norman.
 Her .... name is Norman,
 her .... is Vera.

2. ......'s ....
 ...... name is Tim Adams.
 His last name is ....,
 his first name is ....

23 Complète à l'aide de l'adjectif possessif qui convient.

1. .... name is Peterson.
2. .... name is Filou.
3. .... names are John and Lenny.

24 Pose la question qui correspond aux réponses suivantes.

a. ....? My name is Zack.

b. ....? Their name is Peterson.

Les pronoms démonstratifs

Le pronom démonstratif que tu devras utiliser va dépendre de la distance géographique et affective (proche ou éloignée de la personne/chose à laquelle il s'applique).

- Tu utiliseras :
  - **this** [DHis], pluriel : **these** [DHiz] si celle-ci est proche ;
  - **that** [DHat], pluriel : **those** [DH^{eu}-ouz] si elle est éloignée.

Ex. : **This is a dog and those are cats** → *Ceci est un chien et ce sont des chats/Ici, c'est un chien et là-bas, ce sont des chats.*

- On l'emploie :
  - pour désigner une chose ou une personne ;
  - pour identifier une chose ;
  - pour présenter quelqu'un.

Ex. : **this is a ball/this ball is big** → *c'est un ballon/ce ballon est gros* ; **this girl is Emma/this is Emma** → *cette fille est Emma/voici* (ou *c'est*) *Emma.*

- À la forme interrogative :

Si tu veux poser une question sur la nature de quelque chose (*Qu'est-ce que c'est ?*), tu diras alors **What is this/that?** au singulier et **What are these/those?** au pluriel.

Note qu'on ne met pas d'article devant le pluriel (ex. : **These are Ø cats** → *Ce sont des chats*).

Si tu veux poser des questions sur l'identité de quelqu'un (*Qui est-ce ?*), tu devras dire : **Who's this?** [Houz DHis].

Who's she/he? → *Qui est-elle/il ?*

Who are you? → *Qui êtes-vous ?*

Banque de mots

brother ['breuDH^{eur}], *frère*

sister ['sist^{eur}], *sœur*

boyfriend ['boïfrènd], *petit ami*

girlfriend ['geulfrènd], *petite amie*

son ['seun], *fils*

daughter ['dôt^{eur}], *fille*

father ['fâDH^{eur}], *père*

mother ['meuDH^{eur}], *mère*

friend ['frènd], *ami*

husband ['Heuzb^{eu}nd], *mari*

wife ['ouaïf], *épouse*

neighbour ['nèïb^{eur}], *voisin*

parents ['pèr^{eu}ns], *parents*

Et un petit proverbe pour la route :
Like father, like son → *tel père, tel fils.*

25 Complète le tableau suivant.

singulier	This is a man.	→	→	That is a sofa.
pluriel	→	Those are children.	These are rabbits.	→ ....

26 Mimi est un alien qui vient de débarquer sur notre planète. Retrouve, de 1 à 4, les questions qu'il te pose et réponds-lui, de 5 à 8.

1. ....? This is an umbrella.
2. ....? These are dogs.
3. ....? Those are soaps.
4. ....? That is an apple.

5. Is that a fridge?
→ ....

6. Are these chairs?
→ ....

7. Is this a sofa?
→ ....

8. Are those towels?
→ ....

27 Trouve dans la grille suivante les 5 mots permettant de compléter les paires.

1. brother / ....
2. mother / ....
3. husband / ....
4. daughter / ....
5. boyfriend / ....

E	F	A	T	H	E	R	S	E	A
L	R	P	A	I	S	A	T	F	M
E	I	P	B	W	I	F	E	R	O
V	E	L	L	I	S	S	E	I	U
E	N	E	E	N	T	A	I	S	S
N	D	S	O	A	E	P	T	O	E
G	I	R	L	F	R	I	E	N	D

28 Pose la question appropriée, puis remets en ordre les lettres du dernier mot de chaque réponse.

a. ....?

This is Paul, my ROUIBHNEG.
b. ....

This is Robert, my NEIDFR.
c. ....

29 Right (vrai) or wrong (faux)? Coche la bonne réponse.

This is my son, Fred.

This is Annie, my sister

These are Sam and Sim, my brothers.

	RIGHT	WRONG
1. Sam et Sim sont les frères de Fido.	☐	☐
2. Annie est la mère de Paul.	☐	☐
3. Fred est l'ami de Sophie.	☐	☐

Les adjectifs de nationalité

Il faut que tu retiennes qu'ils prennent toujours une majuscule. Utilisons-les d'abord en position attribut (ex. : **Josh is English** ➔ *Josh est anglais*).

Quelques adjectifs de nationalité :

French ['frènch], *français*

English ['inglich], *anglais*

Irish ['aïrich], *irlandais*

German ['djeum^{eu}n], *allemand*

American [^{eu}'mèrik^{eu}n], *américain*

Italian [i'tali^{eu}n], *italien*

Spanish ['spanich], *espagnol*

Chinese [tchaï'niz], *chinois*

30 Présente l'entourage de Jennifer en traduisant les phrases suivantes.

1. Voici son père. Il s'appelle James. Il est irlandais.

→ ....

2. Voici son ami Rodrigue. Il est espagnol. Son nom de famille est Fernandez.

→ ....

3. Voici Pietro, son mari. Il est italien.

→ ....

4. Voici leur voisin. Il est chinois et s'appelle Kim.

→ ....

31 Traduis le dialogue suivant.

1. Bonjour, je m'appelle Davis, tu t'appelles comment ?

→ ....

2. Bonjour, je m'appelle Hilda.

→ ....

3. Comment vas-tu ?

→ ....

4. Ça va très bien, merci. Et toi ?

→ ....

5. Je vais bien, merci. Tu es de quelle nationalité ?

→ ....

6. Je suis allemande.

→ ....

Décrire quelqu'un ou quelque chose

Nous avons vu précédemment quelques adjectifs attributs pour évoquer la nationalité ou certaines émotions. Comme en français, les adjectifs anglais peuvent aussi être employés comme épithètes (sans l'intermédiaire d'un verbe d'état. Comme leurs copains attributs, ils sont aussi invariables, mais eux se placent avant le nom (ex. : **a sad boy** → *un garcon triste* ; **sad girls** → *des filles tristes*). Si tu veux renforcer un adjectif (*très*), fais-le précéder par l'adverbe **very** ['vèri] (ex. : **very sad** → *très heureux/heureuse(s)*).

Les adjectifs de couleur

Deux structures te seront indispensables pour interroger sur la couleur de quelque chose :

- **What colour is/are** + nom**?** [ouol 'keul^{cur} iz/**â**^{r}] → *De quelle couleur est/sont ... ?*
- **What's your favourite colour?** [ouots i**ô**^{r} 'fèïvrit 'keul^{eur}] → *Quelle est ta couleur préférée ?*

white ['ouaït], *blanc*

black ['blak], *noir*

red ['rèd], *rouge*

purple ['peup^{eu}l], *violet*

brown ['bra-oun], *marron*

orange ['orindj], *orange*

green ['grin], *vert*

grey ['grèï], *gris*

yellow ['ièl^{eu}-ou], *jaune*

blue ['blou], *bleu*

pink ['pink], *rose*

Banque de mots

curtain ['keut^{eu}n], *rideau*

desk ['dèsk], *bureau*

flag ['flag], *drapeau*

rabbit ['rabit], *lapin*

32 Décris les couleurs des drapeaux suivants.

1.  The German flag is ...., ..., and ....

2.  The Irish flag is ...., ..., and ....

3.  The Spanish flag is .... and ....

33 Cathy n'utilise que des adjectifs attributs alors que Lara n'utilise que des épithètes. Peux-tu compléter leurs descriptions ?

Patrick is Irish.

Ruby ....

Tiger is French.

This chair ....

This cat is grey.

Patrick is ....

Ruby is an American girl.

Tiger is ....

This is a black chair.

This is ....

34 **Théo voudrait décrire les couleurs de sa maison et son environnement à son ami. Complète leur échange.**

1. What colour is your fridge? → It's ....
2. What colour is your ....? → It's brown.
3. What colour is your ....? → It's pink.
4. What colour are your curtains? → They are ....
5. What colour is your carpet? → It's ....

35 **Réponds aux questions suivantes en t'appuyant sur la grille fournie ci-après (apporte les corrections quand c'est nécessaire). Attention, la lettre désignant chaque case correspond à sa prononciation.**

1. Is the cat red in [**i**]? → ....
2. What colour is the .... in [d**i**]? It's red.
3. Is her favourite colour blue in [kèï]? → ....
4. Is the apple green in [èf]? → ....
5. Is it a purple carpet in [dj**i**]? → ....

Banque de mots

beautiful - ugly ['biout^{eu}foul] ['eugli] *beau - laid*

big - small ['big] ['smôl], *taille : grand - petit*

clean - dirty ['klin] ['deuti], *propre - sale*

fat - slim ['fat] ['slim], *gros - mince*

good - bad ['goud] ['bad], *bon - mauvais*

nice - nasty ['naïs] ['nasti], *gentil - méchant*

polite - rude [p^{eu}'laït] ['roud], *poli - vulgaire*

short - long ['chôt] ['long], *court - long*

strong - weak ['strong] ['ouik], *fort - faible*

tall - short ['tôl] ['chôt], *hauteur : grand - petit*

young - old ['ieung] ['^{eu}-ould], *jeune - vieux*

baby ['bèïbi], *bébé*

clumsy ['kleumzi], *maladroit*

funny ['feuni], *drôle*

intelligent [in'tèlidj^{eu}nt], *intelligent*

lazy ['lèïzi], *paresseux*

selfish ['sèlfich], *égoïste*

shy ['chaï], *timide*

proud ['pra-oud], *fier*

teenager [ti'nèïdj^{eur}], *adolescent*

36 **Complète les reformulations suivantes après avoir essayé de mémoriser la banque de mots (au besoin, aide-toi de l'indice entre parenthèses : les lettres ont été mélangées).**

1. Emma is not ugly ➜ she's .... (FILUTAEBU).
2. The cake is not bad ➜ it's .... (DOGO).
3. The cat is fat ➜ it's not .... (MSLI).
4. My mother is not big ➜ she's .... (LALMS).
5. Our brother is not young ➜ he's .... (DOL).
6. Pedro is not short ➜ he's .... (LALT).
7. His friend is nasty ➜ he's not .... (CIEN).

37 **Relie chaque définition à l'adjectif correspondant (que tu compléteras).**

1. Ne pense qu'à soi.	O	O	_ HY
2. Fait rire les autres.	O	O	PR _ UD
3. Rougit facilement.	O	O	SELF _ SH
4. N'aime pas beaucoup travailler.	O	O	L _ ZY
5. Peut se la raconter un peu !	O	O	C _ UMSY
6. Il casse facilement des objets sans faire exprès !	O	O	FUNN _

38 **Qui suis-je ? Deux garçons ont volé le téléphone de Sarah dans son vestiaire. Il y a quatre suspects. Un correspondant anglais dit les avoir vus, il nous les décrit. À partir du tableau et de son témoignage, Jules et Paul font une hypothèse...**

Suspect	grand	beau	jeune	mince	timide	musclé	maladroit	drôle
1	✓	✓	✓	✓	✓			
2	✗	✓	✓			✓		✓
3	✓	✗	✓			✓		✓
4	✗	✓	✓					

"One is beautiful, young, slim, tall, and shy" → ....

"One is beautiful, young, short, strong, and funny" → ....

39 **Traduis ces énoncés.**

1. *Leur chat est gros et sale.*

→ ....

2. *Voici une petite boîte violette.*

→ ....

3. *Son petit ami est espagnol. Il est petit et musclé.*

→ ....

4. *Ton ami est laid, gros, impoli et égoïste !*

→ ....

5. *Sa femme est sympathique, timide et belle.*

→ ....

Bravo, tu es venu à bout de la première unité ! Il est maintenant temps de compter les icônes et de reporter le résultat en page 128 pour l'évaluation finale.

Unité 2
Manier les nombres et les interactions de base

Les nombres cardinaux

1	one	['oueun]	5	five	['faïv]	9	nine	['naïn]
2	two	['tou]	6	six	['siks]	10	ten	['tèn]
3	three	['THri]	7	seven	['sèv^eu n]	11	eleven	[i'lèv^eu n]
4	four	['fô^r]	8	eight	['èït]	12	twelve	['touèlv]

1 Trouve les 5 chiffres cachés dans cette grille, place-les dans la liste et entoure, chaque fois, le chiffre correspondant.

C	A	T	F	U	R
E	T	W	O	A	N
I	C	E	U	T	I
G	I	L	R	U	N
H	O	U	S	E	E
T	E	A	S	I	X

.... 5 – 1 – 9 – 4 – 6 – 2 – 8 – 3 – 7

.... 5 – 1 – 9 – 4 – 6 – 2 – 8 – 3 – 7

.... 5 – 1 – 9 – 4 – 6 – 2 – 8 – 3 – 7

.... 5 – 1 – 9 – 4 – 6 – 2 – 8 – 3 – 7

.... 5 – 1 – 9 – 4 – 6 – 2 – 8 – 3 – 7

2 Écris en toutes lettres les chiffres suivants.

1. 1, 12, 7 → ...., ..., ...
2. 3, 5, 10, 11 → ...., ..., ..., ...

Lire et donner l'heure

Si tu as besoin de demander l'heure, tu diras : **What time is it?** [wot 'taïm iz it].

Certains petits blagueurs prétendent que si tu dis « boîte à musique » rapidement à un anglophone, il y a de fortes chances qu'il te donne l'heure, car il entend plus les sons et l'intonation que les mots en eux-mêmes ! Chiche ?

Maintenant, comment y répondre ?

- Pour les heures pleines : **It's one/two/three... twelve o'clock*** [^{eu}'klok].
- Pour les heures non pleines : en français, tu donnes d'abord l'heure puis les minutes. En anglais, c'est l'inverse ! Les minutes qu'il reste pour atteindre une heure pleine sont suivies de **to** [t^{eu}] (ex. : **It's ten to three** ➜ *Il est 2 h 50*) ; celles qui ont déjà dépassé l'heure sont suivies de **past** ['past] (ex. : **It's eight past six** ➜ *Il est 6 h 08*).

L'heure anglaise fonctionne sur une base de 12 heures. Ainsi, pour savoir s'il s'agit du matin, de l'après-midi ou du soir, on précise la mention **a.m.** [èï èm] pour les heures entre minuit et midi, et **p.m.** [pi èm] pour celles entre midi et minuit. Si tu utilises ces précisions, n'ajoute-pas **o'clock**. Mais si tu veux dire **2 o'clock in the morning** ou **2 o'clock in the afternoon**, OK !

*__Clock__ signifie *horloge*. Si le contexte indique clairement que l'on parle de l'heure, on peut ne pas le préciser (ex. : **It's twelve**).

Banque de mots

a quarter ['kouôt^{eur}], *un quart d'heure*
Ex. : **It's a quarter to/past seven**
➜ *Il est 6 h 45/7 h 15*

half ['Hâf], que l'on n'utilise qu'avec **past**, *la demi-heure*
Ex. : **It's half past nine** ➜ *Il est 9 h 30*

midday [mid'dèï] ou **noon** ['noun], *midi*

midnight [mid'naït], *minuit*

afternoon [aft^{eu}'noun], *après-midi* ➜ **good** ['goud] **afternoon**, *bonjour*, l'après-midi

breakfast ['brèkf^{eu}st], *petit-déjeuner*

dinner ['din^{eur}], *dîner*

evening ['ivning], *soir*
➜ **good evening**, *bonsoir*

lunch ['leuntch], *déjeuner*

meal ['mil], *repas*

morning ['môning], *matin*
➜ **good morning**, *bonjour*, le matin

night ['naït], *nuit*
➜ **good night**, *bonne nuit*

snack ['snak], *en-cas*

3 Écris chaque heure mentionnée en toutes lettres (en précisant bien a.m. ou p.m.).

1. 17 h 00 → ....
....
2. 4 h 30 → ....
....
3. 3 h 15 → ....
....
4. 11 h 45 → ....
....
5. 23 h 00 → ....
....
6. 21 h 50 → ....
....
7. 9 h 00 → ....
....
8. 20 h 57 → ....
....

4 Indique l'heure sur les réveils suivants et précise la salutation qui convient.

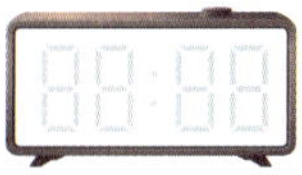

1. It's a quarter to ten p.m.
→ ....

2. It's half past eight a.m.
→ ....

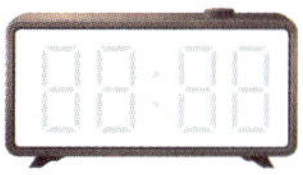

3. It's eight past three p.m.
→ ....

4. It's five to midnight.
→ ....

5 Relie chaque moment de la journée au repas qui lui correspond et trouve les lettres manquantes.

1. 1:00 P.M. O — O → **a.** S _ _ _ K 

2. 7:00 P.M. O — O → **b.** _ UN _ _ 

3. 6:45 A.M. O — O → **c.** BR _ _ _ FA _ _ 

4. 4:30 P.M. O — O → **d.** D _ _ N _ R 

Demander et donner l'âge

Pour compter dans la dizaine de 10, il faut ajouter le suffixe **-teen** au chiffre racine (avec modification cependant pour 13 et 15, voir banque de mots ci-dessous). Pour compter dans les dizaines à partir de 20, tu ajoutes les chiffres de 1 à 9 derrière cette dizaine, avec un trait d'union entre les dizaines et les unités (ex. : 42 → **forty-two** ; 69 → **sixty-nine**).

Si tu veux demander l'âge de quelqu'un : **How old** + **to be** + sujet**?**

Ex. : **How old are you?** [Ha-ou ^{eu}-ould â^{r} iou]/**is she?** Réponse : **I'm/she's** + nombre + **years old** (mais tu n'as pas forcément besoin de préciser cette dernière mention : **I'm 19**).

Banque de mots

De 13 à 19 :

13 → **thirteen** [THeu'tin]
14 → **fourteen** [fô'tin]
15 → **fifteen** [fif'tin]
16 → **sixteen** [siks'tin]
17 → **seventeen** [sèv^{eu}n'tin]
18 → **eighteen** ['èï'tin]
19 → **nineteen** [naïn'tin]

Les dizaines :

20 → **twenty** ['touènti]
30 → **thirty** ['THeuti]
40 → **forty** ['fôti]
50 → **fifty** ['fifti]
60 → **sixty** ['siksti]
70 → **seventy** ['sèv^{eu}nti]
80 → **eighty** ['èïti]
90 → **ninety** ['naïnti]

6 **Pose la question qui permet d'obtenir la réponse donnée.**

1. → ....? She's 13 (years old).
2. → ....? They are 18 (years old).
3. → ....? He's 40 (years old).
4. → ....? I'm 26 (years old).

7 Qui suis-je ? Complète chaque description par le prénom de la personne concernée.

1. He is eighty-three (years old) ➜ ....
2. She is twenty eight (years old) ➜ ....
3. She is thirteen (years old) ➜ ....
4. She is sixteen (years old) ➜ ....
5. He is nineteen (years old) ➜ ....

8

A. Barre les chiffres incorrects pour former le nombre correspondant à la description.

1. This is my mother, she is thirty-nine. (1) (3) (5) (6) (9) (7)
2. This is my friend, John. He is fifty-two. (1) (3) (5) (7) (3) (2)
3. This is my father, Paul. He is ninety-five. (7) (9) (8) (4) (5) (1)

B. Traduis les phrases en écrivant les nombres en toutes lettres.

4. Leur chat a 13 ans ➜ ....
5. Son père a 47 ans ➜ ....
6. Sa voisine a 84 ans ➜ ....
7. Notre ami a 26 ans ➜ ....
8. Ma petite amie a 22 ans ➜ ....

Nommer ce que l'on voit

Si tu veux parler de l'existence de quelque chose (*il y a* + nom), tu emploieras cette structure : **there is** [DHè-^{eur} iz] + nom singulier (ou **there's** [DHè-^{eur}z]) et **there are** + nom pluriel [DHè-^{eur} **â**^{r}].

Si tu veux interroger sur l'existence ou la quantité (*y a-t-il... ?*), il te suffit de faire une inversion : **is there a** + nom singulier, **are there** + nom pluriel. Les réponses possibles seront alors : **Yes, there is/are – No, there is not/isn't** ou **are not/aren't** (tu n'as pas besoin de reprendre le nom : **Is there a cat in the garden? No, there isn't**).

Banque de mots

baker ['bèïk^{eur}], *boulanger*

book ['bouk], *livre*

bottle ['beut^{eu}l], *bouteille*

bus stop ['beustop], *arrêt de bus*

church ['tch**eu**tch], église

copybook ['kopibouk], *cahier d'exercices*

cupboard ['keup^{eu}d], *armoire*

desk ['dèsk], *bureau*

diary ['daï^{eu}ri], *agenda*

grocery ['grosri], épicerie

park ['pâk], *parc*

pen ['pèn], *stylo*

pencil ['pèns^{eu}l], *crayon*

pencil case ['pèns^{eu}l kèïs], *trousse*

pupil ['pi**ou**p^{eu}l], élève

restaurant ['rèstr^{eu}nt], *restaurant*

rubber ['reub^{eur}], *gomme*

street ['strit], *rue*

tube of glue ['tioub^{eu}v 'gl**ou**], *tube de colle*

schoolbag ['sk**ou**lbag], *cartable*

school ➜ école ; **bag** ➜ *sac.*

L'expression **It's in the bag** signifie *C'est dans la poche !*
Faire quelque chose **by the book** signifie *selon les règles.*

9 Entoure le bon nom.

1. Is there cats / a cat on the bed?
2. There are umbrellas / an umbrella on the table.
3. Are there a boy / boys in the garden?
4. There is chairs / a chair in the kitchen.

10 Donne une réponse courte affirmative ou négative aux questions suivantes en observant les images.

1. Is there a fridge?
→ ....

2. Are there bottles on the fridge?
→ ....

3. Is there a cupboard?
→ ....

4. Is there an apple?
→ ....

5. Are there cats on the sofa?
→ ....

6. Is there a sofa?
→ ....

11 Coche les éléments présents dans la rue de John en t'appuyant sur la description qu'il te donne.

○ *église* ○ *restaurant* ○ *parc*
○ *arrêt de bus* ○ *boulangerie* ○ *épicerie*

"In my street, there's a church but there's no park, there's a grocery but no baker, there's a bus stop but no restaurant."

Nommer la quantité

Pas de	**not any** [èni] ou **no** + nom singulier ou pluriel (ex. : **There aren't any apples / There are no apples** ; **There isn't any tea / There is no tea**)
Du, de la, des (quantité existante, mais non précisée)	FA (√) : **some** ['seum] + nom singulier ou pluriel (ex : **There are some apples** ; **there is some juice**) FI (?) : **any** ['èni] + nom singulier (ex. : **Is there any ham?**) ou pluriel (ex. : **Are there any apples?**)
Beaucoup de	**a lot of** [eu 'leut euv] + nom singulier ou pluriel (ex. : **a lot of eggs** ; **a lot of water**) **much** ['meutch] + nom singulier (ex. : **much sugar**) **many** ['mèni] + nom pluriel (ex. : **many bananas**) **Many** et **much** sont un peu plus soutenus que **a lot of**, que l'on emploie davantage à l'oral.
Interroger sur la quantité Interroger sur le nombre (*Combien… ?*)	**How much** + nom singulier + **is there** (ex. : **How much milk is there?**) Réponse : **There is** + quantifieur (+ nom – optionnel. Ex. : **there is a lot**) **How many** + nom pluriel + **are there** (ex. : **How many peas are there?**) Réponse : **There are** + nombre (+ nom – optionnel. Ex. : **there are five**)

12 Complète les questions et les réponses du tableau.

1. How many pupils are there in the class?	....
2. ....?	There are three.
3. How many boys are there in the class?	....
4. ....?	There are four.
5. ....?	There are five.
6. How many purple books are there?	....
7. ....?	There are six.
8. How many pens are there?	....

13 Entoure la ou les bonne(s) proposition(s).

1. **How much** / **how many** / **any** milk is there in the fridge?
2. There is not **some** / **any** / **many** sugar in my tea.
3. There is **no** / **many** / **any** ham in the fridge.
4. There is **some** / **any** / **many** water in the bottle.
5. Are there **any** / **some** / **a lot of** eggs on the table?
6. Is there **a lot of** / **much** / **any** cheese for lunch?

Banque de mots

banana [b^{eu}'nan^{eu}], *banane*

bread ['brèd], *pain*

cake ['kèïk], *gâteau*

carrot ['kar^{eu}ts], *carotte*

cheese ['tchiz], *fromage*

coffee ['kofi], *café*

egg ['èg], œuf

French bean ['frèntch bin], *haricot vert*

ham ['Ham], *jambon*

lemon ['lèm^{eu}n], *citron*

lettuce ['lètis], *laitue*

milk ['milk], *lait*

orange juice ['orindj djous], *jus d'orange*

pea ['pi], *petit pois*

sugar ['choug^{eur}], *sucre*

tea ['ti], *thé*

tomato [t^{eu}'mat^{eu}-ou], *tomate*

vegetables ['vèdjt^{eu}b^{eu}l], *légumes*

water ['ouôt^{eur}], *eau*

14 **La mère de John l'a envoyé faire les courses, mais il a oublié quelques articles. Entoure dans la liste ce qu'il n'a pas acheté.**

- Milk
- Cheese
- Orange juice
- Water
- Cake
- Lettuce
- Tomatoes
- Peas
- Bread
- Lemons
- Carrots
- Coffee
- Ham
- Eggs
- Apples

Thanks ! Mum

Les centaines et les milliers

100 : **one hundred** ['Heundr^{eu}d] ;
200 : **two hundred** ;
300 : **three hundred,** etc.

1 000 : **one thousand** ['THa-ouz^{eu}nd] ;
2 000 : **two thousand** ;
3 000 : **three thousand**, etc.

As-tu remarqué que **hundred** et **thousand** ne prennent pas de **s** quand ils sont précédés d'un chiffre supérieur à 1 ?

Et si tu ajoutes des dizaines ou des unités à **hundred**, il te faudra les faire précéder de **and**, ainsi qu'ajouter une virgule pour séparer les milliers des centaines lorsqu'il est écrit en chiffres (ex. : 510 → **five hundred and ten** ; mais 9,400 → **nine thousand four hundred**).

Ces nombres te serviront entre autres à donner le prix d'un article, grâce à cette structure : **How much** ['Ha-ou meutch] **is/are** + sujet**?** On te répondra par : **It's/they're** + nombre (ex. : **How much is that car? It's 20,000 dollars**).

Banque de mots

bike ['baïk], *vélo*

car ['kâ^{r}], *voiture*

computer [k^{eu}m'piou^{teur}], *ordinateur*

15 Complète les dialogues suivants en donnant les montants en chiffres et en toutes lettres.

1. ....? It's 235 pounds / ....

2. How much are the chairs? .... / ....

3. ....? They are 1,250 pounds / ....

4. How much is the car? .... / ....

Les nombres ordinaux

- Ils vont te servir à exprimer un ordre (classement) et à dire la date. Il faut que tu apprennes les trois premiers par cœur, car ils sont irréguliers :

– le 1er → **the first**, **1st** ['feust] ;

– le 2e → **the second**, **2nd** ['sèk^{eu}nd] ;

– le 3e → **the third**, **3rd** ['THeud].

Un petit proverbe pour la route : **First things first** (*Commençons par le commencement*). **Things** → *choses*.

- Pour les autres, il te suffira d'ajouter **-th** au chiffre/nombre (attention, il y a un petit changement pour 5 et 9 !) :

– 4e → **the fourth**, **4th** ['fôTH] ;

– 5e → **the fifth**, **5th** ['fifTH] ;

– 6e → **the sixth**, **6th** ['siksTH] ;

– 9e → **the ninth**, **9th** ['naïnTH].

- Dans les dizaines, le **-th** porte sur les unités et rien ne change pour 1er, 2e et 3e, qui restent irréguliers (**the twenty-first**, **twenty-second**, **twenty-third**) :

– 41e → **the forty-first** ;

– 63e → **the sixty-third** ;

– 76e → **the seventy-sixth**.

On utilise aussi les ordinaux pour les noms de rois/reines (ex. : **Elizabeth the Second** → Élisabeth II).

16 Écris les ordinaux suivants en toutes lettres pour les phrases 1 et 2, puis en chiffres pour la phrase 3.

1. Obama is the 44th President of the USA → ....

2. Louis XVI → Louis the ....

3. I am the fifth child in my family → ....

17 **A.** **En regardant le tableau, donne le prénom de l'élève dont le classement est fourni pour les phrases 1, 2 et 5 et donne le classement de l'élève mentionné pour les phrases 2 et 4.**

1. I am the seventh (7th) pupil in the class:

I am ....

2. Dana is the .... (........) pupil in the class.

3. Who is the tenth pupil in the class? ....

4. John is the .... (........) pupil in the class.

5. Who is the ninth pupil in the class? ....

B. **Dis si les affirmations suivantes sont vraies ou fausses, et corrige-les si besoin.**

6. Zack is the tenth pupil in the class ➜ ....

7. The second pupil in the class is Liam ➜ ....

8. Louisa is the fourth pupil in the class ➜ ....

Le comparatif

Il va te servir à exprimer l'infériorité, l'égalité et la supériorité à l'aide d'adjectifs. Cela va nous permettre de réviser ceux vus dans l'unité 1 (tu peux les revoir si besoin avant de commencer les exercices ci-après).

Banque de mots

boring ['bôring], *ennuyeux*

cheap ['tchip], *bon marché*

complicated ['komplikèïtid], *compliqué, difficile*

disappointed [diseu'poïntid], *déçu*

easy ['izi], *facile*

expensive [ik'spènsiv], *cher*

interesting ['intristing], *intéressant*

talkative ['tôkeutiv], *bavard*

wonderful ['oueundeufeul], *formidable*

18 lazyniceboringgoodbadtalkativedirtyfatdisappointed
clumsyproudeasysicktiredcomplicatedselfishintelligent
expensivenicelongshortwonderfulinterestingfunnycheap

A. Trouve la traduction des adjectifs français 1 à 9 dans les trois lignes de mots collés ci-dessus.

1. ennuyeux ➜ ....
2. facile ➜ ....
3. déçu ➜ ....
4. bavard ➜ ....
5. cher ➜ ....
6. bon marché ➜ ....
7. formidable ➜ ....
8. intéressant ➜ ....
9. compliqué ➜ ....

B. Puis utilise 4 de ces adjectifs afin de reformuler les phrases 10 à 13.

10. This film is not interesting :
➜ ....
....

11. This exercise is not complicated :
➜ ....
....

12. Patrick is not silent :
➜ ....
....

13. This car is not cheap :
➜ ....
....

Maintenant que tu connais quelques adjectifs, tu vas pouvoir apprendre à établir des hiérarchies entre plusieurs éléments ou personnes (supériorité, égalité ou infériorité) à l'aide de ce qu'on appelle **le comparatif**.

	Adjectifs courts	Adjectifs longs
Comparatif d'égalité *(pas) aussi… que…*	**(not) as… as** [az… az] (ex. : **as big as** ➜ *aussi gros que* ; **as beautiful as** ➜ *aussi beau que*)	
Comparatif d'infériorité *moins… que…*	**less… than** [lès… DHan] (ex. : **less nice than** ➜ *moins gentil que* ; **less interesting than** ➜ *moins intéressant que*)	
Comparatif de supériorité *plus… que…*	Adjectif + **-er than** [^{eur} DHan] (ex. : **older than** ➜ *plus vieux que*)	**more** + adjectif + **than** [mô^{r}… DHan] (ex. : **more complicated than** ➜ *plus compliqué que*)

Tu te demandes certainement comment on sait si un adjectif est court ou long : les adjectifs courts sont ceux d'une syllabe ou ceux de deux syllabes qui se terminent par un **-y** (ex. : **nice**, **easy**).

Deux autres choses sont à retenir sur le comparatif :

- pour les adjectifs se terminant par 1 voyelle + 1 consonne, on double cette consonne (ex. : **big** ➜ **bigger** ['big^{eur}]) ;
- les adjectifs qui finissent par **-y** font leur comparatif en **-ier** (ex. : **easy** ➜ **easier**) ;
- les adjectifs **good** et **bad** ont une forme de comparatif irrégulière : **good** ➜ **better** ['bèt^{eur}], **bad** ➜ **worse** ['oueus].

Banque de mots

biology [baï'olodji], *biologie*

chemistry ['kèmistri], *chimie*

English ['inglich], *anglais*

French ['frèntch], *français*

geography [dji'ogr^{eu}fi], *géographie*

history ['Histri], *histoire*

maths ['maTHs], *mathématiques*

P.E. [pi i], *EPS*

19 **A. Who am I?**

	Mike	Mia	Sally	Henry
maths	12	16	14	18
history	16	11	09	15
English	08	13	17	05
geography	11	19	16	12

1. "I'm not as good as Mia at maths but I'm better at history." ➜ ....
2. "I'm not as bad as Henry at English but I'm worse at maths and geography." ➜ ....
3. "I'm better than Sally at maths but I'm worse at geography." ➜ ....
4. "I'm worse than Mia at geography but I'm better at English." ➜ ....

B. Donne l'ordinal correspondant au classement de chacun (en chiffres et en lettres).

5. Henry is the .... / .... at maths.
6. Mike is the .... / .... at geography.
7. Mia is the .... / .... at history.
8. Mia is the .... / .... at English.

20 **Professor Messy a tendance à se mélanger les pinceaux. Remets ses morceaux de phrases dans l'ordre afin de comprendre ce qu'il nous dit, puis dis si les traductions proposées dans le tableau sont exactes ou non.**

1. as my girlfriend / not as beautiful / your sister is »

→ ....

2. his Ferrari is / my old car / not as cheap as

→ ....

3. than you / is less talkative / my young neighbour

→ ....

4. P.E. is / than French / easier

→ ....

5. than biology / chemistry / is more interesting

→ ....

	Vrai	Faux
1. Ta sœur est aussi belle que ma petite amie.		
2. Sa Ferrari est moins chère que ma vieille voiture.		
3. Mon jeune voisin est plus bavard que toi.		
4. L'EPS est plus facile que le français.		
5. La biologie est aussi intéressante que la chimie.		

21 **Gabriel a fait des erreurs dans son interrogation sur le comparatif, peux-tu améliorer sa copie ?**

1. You are as happy as my friend. → ....
2. My father is more old than my neighbour. → ....
3. Cheese is as gooder as ham. → ....
4. She's more proud than John. → ....
5. This exercise is less complicated. → ....
6. Your friend is less weak than Tom. → ....
7. She's more disappointed than Irene. → ....

22 Construis un comparatif correct à l'aide des éléments fournis.

1. water / - expensive / milk ➜ ....
2. orange juice / ≠ cheap / milk ➜ ....
3. Mike / - strong / John ➜ ....
4. Olivia / + selfish / Tina ➜ ....
5. Tom / + young / Peter ➜ ....

Exprimer la date

Pour demander la date, **easy-peasy** (*fastoche*), on dit : **What's the date today?** ['ouots DH^{eu}'dèït 't^{eu}dèï]. Pour exprimer une date, tu auras besoin de connaître :

- les noms des mois ;
- les noms des jours + les nombres ordinaux de 1 à 31 (afin de donner la date du jour) ;
- Les nombres cardinaux jusqu'à 99 (pour exprimer les années).

Banque de mots

Months of the year ['meunTHs ^{eu}v DH^{eu} 'ji^{eur}], *mois de l'année* :

January ['djaniou^{eu}ri], *janvier*

February ['fèbrou^{eu}ri], *février*

March ['mâtch], *mars*

April ['èïpr^{eu}l], *avril*

May ['mèï], *mai*

June ['djoun], *juin*

July [dj^{eu}'laï], *juillet*

August ['ôg^{eu}st], *août*

September [sèp'tèmb^{eur}], *septembre*

October [ok't^{eu}oub^{eur}], *octobre*

November [n^{eu}ou'vèmb^{eur}], *novembre*

December [di'sèmb^{eur}], *décembre*

Days of the week ['dèïz ^{eu}v DH^{eu} 'ouik], *jours de la semaine* :

Monday ['meundèï], *lundi*

Tuesday ['tiousdèï], *mardi*

Wednesday ['ouènzdèï], *mercredi*

Thursday ['THeuzdèï], *jeudi*

Friday ['fraïdèï], *vendredi*

Saturday ['sat^{eu}dèï], *samedi*

Sunday ['seundèï], *dimanche*

today [t^{eu}'dèï], *aujourd'hui*

Tu remarqueras que tous les jours se terminent par **-day**, qui signifie… *jour* !

À noter : Mois et jours prennent toujours une majuscule.

23 Victor a laissé son cahier sur un banc dans le jardin et la pluie a effacé une partie de son cours sur les jours et les mois en anglais. Essaie de réécrire le texte manquant.

1. LUNDI → M DAY
2. MARDI → SDAY
3. MERCREDI → NESDAY
4. JEUDI → RSDAY
5. VENDREDI → DAY
6. SAMEDI → RDAY
7. DIMANCHE → DAY

24 Barre les lettres dont tu n'as pas besoin pour reconstituer quelques mois de l'année.

a. M u p a t r n b c h

b. A p g o r e i m k l

c. M o t a d h y b c h

d. J y t u m r n e a p

e. J o j u m l e y m u

f. A u t g y u e s k t

Pour interroger sur une date ou un moment, on utilise l'interrogatif **when**, qui signifie *quand* : **When** + **to be** + sujet (ex. : **When is/when's your birthday?** [ouèn iz/ouènz iô[eur] 'beu-THdèï] → *Quand a lieu ton anniversaire ?*).

On fait précéder les dates de la préposition **on** (ex. : **on the 22nd of June** → *le 22 juin*).

Dire et écrire la date

Tu ne donneras pas la date de la même façon à l'écrit ou à l'oral.

À l'écrit	« **Today is** jour, mois + ordinal année » (ex. : **Friday, April 5th 1998**) ou « jour ordinal mois, année » (ex. : **Friday 5th April, 1998**).
À l'oral	« **Today is** jour, **the** + ordinal **of** mois, année » (ex. : **Today is Friday, the fifth of April, nineteen ninety-eight**). • Pour les années avant 2000, on décompose en deux nombres à deux chiffres (ex. : 1762 → **seventeen sixty-two** ; 1899 → **eighteen ninety-nine**). • 2000 → **two thousand**. • Pour les années après 2000, on peut ajouter **and** (facultatif) : **two thousand (and) six** (2006), **two thousand (and) ten** (2010).

25 Traduis les dates suivantes.

1. Today is Tuesday, the seventeenth of June, nineteen fifty-four.

→ ....

2. Today is Friday, the twenty-second of March, two thousand and twelve.

→ ....

26 Complète la bulle de Mr Oldy, qui demande l'âge de Laura et Edgar, puis donne la date d'anniversaire de Laura et d'Edgar en complétant les phrases 1 et 2.

....?

1. Laura : .... birthday is .... the 14/07/2006

→ *(en lettres)* ....

....

2. Edgar : .... birthday is .... the 29/08/1999

→ *(en lettres)* ....

Parler de la météo et des saisons

Si tu veux demander le temps qu'il fait, tu diras : **What's the weather like today?** ['ouots DH^{eu} 'ouèDH^{eu} laïk t^{eu}'dèï].

Banque de mots

the seasons ['siz^{eu}nz], *les saisons*

spring ['spring], *printemps*

summer ['seum^{eur}], été

autumn ['ôt^{eu}m], *automne*

winter ['ouint^{eur}], *hiver*

weather ['ouèDH^{eur}], *temps, météo*

cold - hot ['k^{eu}-ould - 'Heut], *froid - chaud*

cloud ['kla-oud], *nuage*

→ **It's cloudy** ['kla-oudi], *C'est nuageux*

fog ['fog], *brouillard*

→ **It's foggy** ['fogi], *Il y a du brouillard*

rain ['rèïn], *pluie*

→ **It's rainy/raining** ['rèïni(ng)], *Il pleut*

snow ['sn^{eu}ou], *neige*

→ **It's snowy/snowing** ['sn^{eu}-oui(ng)], *Il neige*

sun ['seun], *soleil*

→ **It's sunny** ['seuni], *Il fait beau/ensoleillé*

wind ['ouind], *vent*

→ **It's windy** ['ouindi], *Il y a du vent*

27 Trouve les 4 saisons dans la grille et complète les phrases 1 à 4 en remettant, d'abord, les lettres du mois dans le bon ordre, puis en indiquant la saison correspondante. Complète ensuite les phrases 5 et 6.

E	D	R	F	O	E	F	D	U	K
M	E	E	W	R	F	N	S	V	S
S	N	A	T	I	E	G	U	G	A
A	U	T	U	M	N	I	M	W	A
A	S	F	H	I	E	T	M	G	N
G	Q	E	R	E	M	P	E	O	G
C	T	P	E	A	B	S	R	R	G
E	S	P	X	I	V	M	N	V	A
H	I	O	C	E	L	M	T	H	L
I	F	U	Y	A	C	S	C	T	L

1. YREFAURB → .... is in ....
2. YAM → .... is in ....
3. TAUSGU → .... is in ....
4. REVMBEON → .... is in ....
5. The weather is cold in ....
6. The weather is .... in summer.

28 Réponds aux questions suivantes en apportant les précisions déductibles des illustrations.

1. 
2. 
3. 

1. Is it snowing today in Dublin? → ....
2. Is it foggy today in Glasgow? → ....
3. Is it sunny today in Paris? → ....

29 Grâce aux phrases 1 et 2, devine où David passe ses vacances. Puis complète les bulles 3 et 4 pour demander et indiquer le temps qu'il fait.

LONDON

BARCELONA

AMSTERDAM

PARIS

1. "Hi, it's windy here today." David is in ....
2. "Hi, it's rainy here today." David is in ....
3. "What ...... the .... today in Amsterdam?"
   → "....... ...."
4. "What ...... the .... today in Barcelona?"
   → "....... ...."

Exprimer la possession

L'auxiliaire **have got** va te servir à exprimer l'équivalent du verbe *avoir*.
Tu pourras l'utiliser pour :

- les possessions (avoir une voiture, un chien, etc.) ;
- les liens de parenté (avoir des frères et sœurs, des enfants, etc.) ;
- les caractéristiques physiques (avoir les yeux noirs, un gros nez, des lunettes, etc.).

	Forme pleine	Forme contractée
FA ✓	I/you **have got** [Hav 'got] she/he/it **has got** [Haz 'got] we/you/they **have got**	I**'ve got** [aïv 'got] / you**'ve got** [iouv 'got] she/he/it**'s got** [chiz 'got/Hiz 'got/it's 'got] we/you/they**'ve got** [DHèïv 'got]
FN ✗	I/you **have not got** she/he/it **has not got** we/you/they **have not got**	I/you **haven't got** [aï/iou 'Hav^{eu}nt 'got] she/he/it **hasn't got** ['Hazn^{eu}t 'got] we/you/they **haven't got**
FI ?	**Have** I/you **got**? **Has** she/he/it **got**? **Have** we/you/they **got**? On y répond par **Yes, I have/she has** ou **No, I have not/haven't – she has not/ hasn't**. Attention : si la réponse est affirmative, on n'utilise pas la forme contractée. S'il y a un interrogatif, il se place en début de phrase (ex. : **<u>What</u> have you got?** ➜ *Qu'as-tu ?*).	

30 Parmi ces phrases, entoure celles qui sont correctement formulées.

a.	She's got a pet.	You've a bike got.	We's got a car.
b.	Have got you a bike?	Has you got a car?	Have they got a cat?
c.	He hasn't got a tie.	We hasn't got a computer.	She has got not a hat.
d.	What has he got?	What have you got?	Has she got what?

31 Reformule les énoncés suivants à l'aide du vocabulaire fourni sur la page suivante et de celui que tu connais déjà.

1. My father is bald ➜ he .... no ....
2. Emma is .... ➜ she's got no husband or boyfriend.
3. My friend Susan is married ➜ she ....

Banque de mots

Pet ['pèt], *animal domestique* :

cat ['kat], *chat*

dog ['dog], *chien*

goldfish ['g^{eu}-ould fich], *poisson rouge*

guinea pig ['gini pig], *cochon d'Inde*

mouse ['maous], *souris*

rabbit ['rabit], *lapin*

Clothes ['kl^{eu}-ouDHz], *vêtements* :

cap ['kap], *casquette*

glasses ['glasiz], *lunettes*

hat ['Hat], *chapeau*

necklace ['nèkl^{eu}s], *collier*

scarf ['skâf], écharpe

tie ['taï], *cravate*

watch ['ouotch], *montre*

Face ['fèïs], *visage* :

bald ['bôld], *chauve*

beard ['bi^{eu}d], *barbe*

blond ['blond], *blond*

curly ['keuli], *frisé*

dark ['dâk], *brun/foncé*

ear ['i^{eur}], *oreille*

eye ['aï], œil

hair ['Hè^{eur}], *cheveux*

head ['Hèd], *tête*

long ['long], *long*

mouth ['maouTH], *bouche*

nose ['n^{eu}-ouz], *nez*

red ['rèd], *roux*

short ['chôt], *court*

straight ['strèït], *lisse*

Body ['beudi], *corps* :

arm ['âm], *bras*

finger ['fing^{eur}], *doigt*

foot/feet ['fout/'fit], *pied/pieds*

hand ['Hand], *main*

leg ['lèg], *jambe*

married ['marid], *marié*

single ['sing^{eu}l], *célibataire*

32 Passe les phrases suivantes à la forme contractée ou pleine.

1. I have got a watch ➜ I .... a watch. ↔
2. She hasn't got a cap ➜ She .... a cap. ↔
3. They have not got a house ➜ They .... a house. ↔
4. He's got a girlfriend ➜ He .... a girlfriend. ↔

33 Passe les phrases suivantes à la forme indiquée.

X : négatif - ? : interrogatif - √ : affirmatif

1. My brother has got a goldfish. (X) ➜ ....
2. Dan hasn't got a big nose. (?) ➜ ....
3. Has your mother got dark hair? (√) ➜ ....

34 Lis ce que disent les personnages, puis réponds aux consignes A et B.

A	Je n'ai pas d'ordinateur.	B	J'ai un vélo.
C	Nous avons un lapin.	H	J'ai deux frères.
I	J'ai un poisson rouge.	J	J'ai deux chats.
K	J'ai un ordinateur et un vélo.	L	Nous avons un cochon d'Inde.

A. Réponds par « oui » ou « non » (en anglais, bien sûr !).

1. Has she got a computer in **A**? → ....
2. Have they got a guinea pig in **L**? → .....
3. Has he got a computer in **K**? → ....

B. Réponds à la question ou pose la question correspondant à la réponse.

4. How many brothers has she got in **H**?
→ ....
5. What pet has she got in **I**? → ....
6. ....in **C**? They've got a rabbit.

35 Who am I? Harry a trouvé un portefeuille qui tombait de la poche d'une femme dans la rue. Il la décrit au policier afin de la retrouver.

	Longueur cheveux	Couleur cheveux	Type cheveux	Chapeau	Lunettes	Couleur écharpe	Jambes
Kim	longs	● [orange]	lisses	● [marron]	grosses, vertes	● [mauve]	très longues
Amy	longs	● [orange]	lisses	● [marron]	petites, roses	● [rouge]	courtes
Kate	longs	● [orange]	lisses	● [marron]	grosses, vertes	● [rouge]	très longues
Lea	longs	● [noir]	frisés	● [marron]	grosses, vertes	● [rouge]	très longues

"She's got long straight red hair, she's got a brown hat, big green glasses, a long red scarf. She's got very long legs."

Qui a perdu son portefeuille ?

→ ....

On utilise parfois le verbe *avoir* en français (*avoir* + nom), mais *être* en anglais (être + adjectif).

Retiens les exemples les plus courants :

- *avoir* + âge → **to be** + nombre ;
- *avoir peur (de)* → **to be afraid** [eu'frèïd] **of** ;
- *avoir faim* → **to be hungry** ['Heungri] ;
- *avoir soif* → **to be thirsty** ['THeusti].

La forme possessive

Elle va te servir à exprimer l'appartenance ou le lien de parenté (ex. : *la sœur de Paul*).

En français, on met l'objet possédé ou le parent avant le « possesseur », mais en anglais, on fait le contraire. On construit en effet la possession ainsi : possesseur + **'s** + chose possédée/parent (ex. : **Kim's cat/father** ➜ *le chat/père de Kim*).

Tu te demandes peut-être ce que l'on doit faire si le nom se termine déjà par un **-s** ? Cela ne change rien : on applique la même règle !

Ex. : **Angus's sister** ['èng^{eu}siz] ➜ *la sœur d'Angus*.

Et pour les possesseurs au pluriel qui finissent par un **-s** ? Il te suffit d'ajouter uniquement une apostrophe (ex. : **your brothers' scooter** ➜ *le scooter de tes frères*).

- As-tu remarqué qu'on ne met pas **the** pour traduire l'article *le* ?
- Si un objet est commun à plusieurs possesseurs au singulier, c'est le dernier qui portera le possessif (ex. : **Jane and Walter's mother** ➜ *la mère de Jane et Walter*).

Pour demander à qui appartient quelque chose, tu auras besoin de l'interrogatif **whose** [Houz], *à qui*, que tu utiliseras dans la formule suivante : **whose** + nom (sans article) + **to be** conjugué + sujet (ex. : **Whose car is it?** ➜ *À qui est cette voiture ?*).

Note qu'en réponse, le nom est souvent sous-entendu après la marque de la possession ; on ne le reprend donc pas (ex. : **Whose pen is it? It's Walter's. Is it Walter's rubber? No, it's not. It's Anton's.** ➜ *À qui est ce stylo ? C'est celui de Walter. Est-ce la gomme de Walter ? Non, ce n'est pas la sienne. C'est celle d'Anton*).

36 À quoi correspond le 's dans les phrases suivantes ? Entoure la bonne proposition.

1. My brother's got a car. ➜ *to have got* – forme possessive – *to be*
2. My boyfriend's **(a)** cat's **(b)** white. ➜ **(a)** *to have got* – forme possessive – *to be*
   (b) *to have got* – forme possessive – *to be*

37 Complète les espaces par ', 's ou ø.

1. Andreas......... bike is green.
2. Are your brothers......... glasses black?
3. Susie......... dog is fat.
4. Anna.... and John.... children are nice.

38 **Demande à qui sont les éléments suivants, puis réponds à la question.**

1. guinea pig ➜ ……………………………………………………
2. goldfish ➜ ……………………………………………………
3. scarf ➜ ……………………………………………………
4. glasses ➜ ……………………………………………………
5. tie ➜ ……………………………………………………

Les pronoms possessifs

Ils sont invariables et non précédés de l'article défini, comme c'est le cas en français. Ils s'accordent avec le possesseur.

Les pronoms possessifs sont les suivants :
- **mine** [maïn] ➜ *le(s) mien(s), la (les) mienne(s)* ;
- **yours** [iô^{eu}z] ➜ *le(s) tien(s), la (les) tienne(s)* ;
- **his** [Hiz], **hers** [Heuz] ➜ *le(s) sien(s), la (les) sienne(s)* ;
- **ours** [a-ou^{eu}z] ➜ *le(s) nôtre(s), la nôtre* ;
- **yours** [iô^{eu}z] ➜ *le(s) vôtre(s), la vôtre* ;
- **theirs** [DHè-^{eu}z] ➜ *le(s) leur(s), la leur.*

À la question **Whose (car) is it?**, on pourra donc répondre, selon le contexte :

- nom/prénom + **'s** (ex. : **It's Jenny's (car)**) ;
- adjectif possessif + nom (ex. : **It's her car**) ;
- pronom possessif (ex. : **It's hers**).

39 **Décline les phrases suivantes comme dans l'exemple donné dans la leçon ci-dessus.**

1. He's my and your father ➜ he's ………… father, he's ………… .
2. It's Emma's bike ➜ it's ………… bike, it's ………… .
3. These are Peter's glasses ➜ they are ………… glasses, they are ………… .

40 Complète les espaces à l'aide de their, there, they're, there's ou theirs.

1. It's not my pet, it's ....
2. .... Alison's parents.
3. .... are two bottles of milk in the fridge.
4. .... father has got a beard.
5. .... a rubber on the desk.

41 Complète ces petits dialogues par le pronom possessif qui convient.

Bravo, tu es venu à bout de la deuxième unité ! Il est maintenant temps de compter les icônes et de reporter le résultat en page 128 pour l'évaluation finale.

Unité 3
Apprendre à utiliser les deux présents

Parler de ce qui est en train de se passer

Pour cela, on utilise un temps appelé présent *-ing* (ou continu).

Il s'utilise avec des verbes d'action et se forme ainsi :

- **La forme affirmative :**
  to be + base verbale (BV) + **-ing**

  Ex. : **to go** ➜ **I am/'m going, you are/'re going, she/he/it is/'s going, you/we/they are/'re going** ['g^eu-ouing].

– Si le verbe se termine par voyelle + consonne, on double la consonne (ex. : **run** ➜ **running**).

– S'il se termine par un **-e**, on l'enlève (ex. : **write** ➜ **writing**).

- **La forme interrogative :**
  Il te suffit d'inverser **to be** et le sujet.

Ex. : **Am I going? Are you going? Is she/he/it going? Are you/we/they going?**

S'il y en a, les interrogatifs comme **who**, **what**, **where** se mettent en tête de phrase (ex. : **Who is running?** ➜ *Qui est en train de courir ?* **Where is he going?** ➜ *Où va-t-il ?* **What is he doing?** ➜ *Que fait-il ?*).

Si tu veux interroger sur la cause, tu auras besoin de l'interrogatif **why** [ouaï], qui signifie *pourquoi* (**Why is/are** + sujet + verbe **-ing** ➜ *Pourquoi est-il/sont-ils/es-tu/êtes-vous* (etc.) *en train de... ?*). On y répond avec la conjonction **because** ['bikoz], qui veut dire *parce que*, *car* (ex. : **Why is she singing? She's singing because she's happy**).

- **La forme négative :** il faut juste ajouter la négation **not** entre **to be** et le verbe.

Ex. : **I am/I'm <u>not</u> going, you are/you're <u>not</u> going, she/he/it is <u>not</u>/is<u>n't</u> going, we/you/they are <u>not</u>/are<u>n't</u> going**).

Fastoche, non ? (**Easy-peasy, isn't it?**)

Note qu'il n'est pas correct de répondre uniquement par **yes** ou **no** ; il faut reprendre le sujet et l'auxiliaire **to be**.
Ex. : **Are you going? Yes, <u>I am</u> – No, <u>I'm not</u> ; Is he going? Yes, <u>he is</u> – No, <u>he's not</u>** ou **No, <u>he isn't</u>**).
Enfin, la forme contractée ne peut être employée que si la réponse est négative.

Verbes

to cook ['kouk], *cuisiner*

to cry ['kraï], *pleurer*

to dance ['dãns], *danser*

to do (+ complément) ['dou], *faire*

to drink ['drink], *boire*

to eat ['it], *manger*

to go (to) ['g^{eu}-ou t^{eu}], *aller (à)*

to laugh ['laf], *rire*

to make ['mèïk], *faire, confectionner, cuisiner*

to play football, tennis, rugby ['plèï 'foutbôl, 'tènis, 'reugbi], *jouer au football, au tennis, au rugby*

to put on/off + possessif + vêtement (*mettre/enlever son/mon/ton...* + vêtement)

to read ['rid], *lire*

to run ['reun], *courir*

to sing ['sing], *chanter*

to sleep ['slip], *dormir*

to set the table ['sèt DH^{eu} tèïb^{eu}l], *mettre la table*

to smile ['smaïl], *sourire*

to swim ['souim], *nager*

to take ['tèïk], *prendre*

to wait (for) ['ouèït fô^{r}], *attendre*

to walk ['ouôk], *marcher*

to wash ['ouoch], *(se) laver*

to watch ['ouotch], *regarder*

to wear ['ouè^{eur}], *porter (un vêtement)*

to work ['oueuk], *travailler*

to write ['raït], écrire

Noms

bus ['beus], *bus*

cake ['kèïk], *gâteau*

film ['film], *film*

glass (of) ['glas ^{eu}v], *verre (de)*

homework ['H^{eu}-oumweuk], *devoirs*

letter ['lèt^{eur}], *lettre*

song ['song], *chanson*

Expressions adjectivales

to be hungry ['Heungri], *avoir faim*

to be late [bi 'lèït], *être en retard*

to be thirsty ['THeusti], *avoir soif*

Lieux

baker ['bèïk^{eur}], *boulanger*

butcher ['boutch^{eur}], *boucher*

chemist ['kèmist], *pharmacien*

cinema ['sin^{eu}m^{eu}], *cinéma*

doctor ['dokt^{eur}], *médecin*

hairdresser ['Hè^{eu}drès^{eur}], *coiffeur*

museum ['miouzi^{eu}m], *musée*

post office ['post ofis], *bureau de poste*

restaurant ['rèstr^{eu}nt], *restaurant*

school ['skoul], école

station ['stèïch^{eu}n], *gare*

supermarket ['soup^{eu}mâkit], *supermarché*

swimming-pool ['souiming poul], *piscine*

zoo ['zou], *zoo*

Vêtements

belt [bèlt], *ceinture*

boots ['bouts], *bottes*

coat ['k^{eu}out], *manteau*

dress ['drès], *robe*

gloves ['glovz], *gants*

hoodie ['Houdi], *sweat à capuche*

shirt ['sheut], *chemise*

shoes ['chouz], *chaussures*

skirt ['skeut], *jupe*

sneakers ['snik^{eu}z], *baskets*

socks ['soks], *chaussettes*

suit ['sout], *costume*

sunglasses ['seunglasiz], *lunettes de soleil*

sweater ['souèt^{eur}], *pull*

T-shirt ['ti-'cheut], *T-shirt*

tracksuit ['traksout], *survêtement*

trousers (pluriel) ['traouz^{eu}z], *pantalon*

1 Mets les infinitifs suivants au présent -ing.

1. write → ....
2. laugh → ....
3. play → ....
4. swim → ....
5. smile → ....
6. CRY → ....

2 Complète le tableau suivant.

FA ✓	FI ?	FN ✗
1.	Is Doris sleeping?	....
2. I am wearing a suit.	....	....
3.	....	They're not making a cake.
4.	Is he playing tennis?	....
5. You are smiling.	....	....

3 Trouve les 5 verbes et les 5 noms cachés dans la grille, puis associe-les dans une phrase au présent -ing pour décrire les images suivantes.

R	E	A	D	M	A	K	E
W	A	T	C	H	E	F	O
O	S	I	N	G	R	I	P
F	O	O	T	B	A	L	L
U	N	C	A	K	E	M	A
U	G	I	B	O	O	K	Y

1. → ....
2. → ....
3. → ....
4. → ....
5. → ....

1. 

2. 

3. 

4. 

5. 

4 Réponds par « oui » ou « non » et apporte les précisions ou les corrections nécessaires.

1. Is Anna doing her homework?		....
2. Are the children playing tennis?		....
3. Is Zack sleeping?		....
4. Is Anna dancing?		....
5. Are the cats eating?		....

5 Décris ce que ces personnages portent en ce moment (type de vêtement + couleur).

1. → She ....

2. → He ....

3. → She ....

4. → He ....

....

Aller quelque part

On utilise **'s** après les noms d'endroits impliquant un propriétaire identifiable (médecins, commerçants...), car il y a un cas de possession sous-entendu (*chez le médecin* → *au cabinet du médecin* ; *chez le coiffeur* → *au salon du coiffeur*, etc.).

's te sera aussi utile pour dire *chez quelqu'un* (ex. : **Dean's** → *chez Dean*). On n'ajoutera pas de **'s** cependant lorsqu'on n'a pas affaire au propriétaire des lieux (ex.: **at the zoo, at the cinema, at the museum...**)

Pour dire où se trouve quelqu'un (sans mouvement), tu devras utiliser la préposition **at** (ex. : **I'm at the baker's** → *Je suis chez le boulanger*). Lorsqu'on va quelque part, on utilise le verbe **to go** avec la préposition **to** [t^{eu}] (ex. : **I'm going to the butcher's** → *Je vais chez le boucher*).

Si tu veux demander où quelqu'un va, utilise cette structure : **Where** + **to be** conjugué + sujet + **going** (ex. : **Where are you going?** → *Où vas-tu ?*).

Banque de mots

meat ['mit], *viande*

tablet ['tabl^{eu}t], *cachet (médicament)*

bread ['brèd], *pain*

haircut ['Hè^{eu}keut], *coupe de cheveux*

food ['foud], *nourriture*

stamp ['stamp], *timbre*

6 Entoure les 's qui correspondent à une localisation et souligne ceux qui correspondent à to be.

1. Paul's not at Jude's, he's at the baker's.
2. Jackie's not at the doctor's, she's at Joe's.

7 Relie chaque produit/service au commerçant chez qui on peut se le procurer.

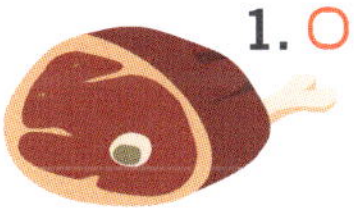

1. O

3. O

5. O

2. O

4. O

6. O

- O **a.** At the baker's.
- O **b.** At the hairdresser's.
- O **c.** At the butcher's.
- O **d.** At the post office.
- O **e.** At the chemist's.
- O **f.** At the restaurant.

8 Le détective Sherlomes Holck est en filature. Il observe plusieurs suspects et nous dit où ces derniers se rendent. Complète ses observations.

1. → ....
2. → ....
3. → ....

9 Remets les mots des phrases suivantes dans l'ordre pour que ces échanges aient un sens.

1. – *letter / is / a / writing / who / ?* → ....
   – *girlfriend / is / my / .* → ....
2. – *going / Marcus / is / where / ?* → ....
   – *to / he's / the / going / doctor's / .* → ....
3. – *mother / doing / what / your / is / ?* → ....
   – *bus / for / she's / the / waiting / .* → ....
4. – *are / running / you / why / ?* → ....
   – *late / because / I'm / .* → ....
5. – *wearing / sister / your / is / what / ?* → ....
   – *skirt / and / a / wearing / sweater / a / she's / .*
   → ....

10 Pose la question qui porte sur l'élément souligné dans les phrases suivantes.

1. .... ? <u>Emma</u> is singing.
2. .... ? We're going <u>to the swimming-pool</u>.
3. .... ? They're drinking <u>because they're thirsty</u>.
4. .... ? I'm <u>watching a film</u>.

11 **Construis une question correcte à l'aide des éléments fournis, puis donne une réponse pertinente en remettant dans l'ordre les lettres de l'adjectif.**

1. why – she – sleep → ....?

   DEITR → ....

2. why – they – smile → ....?

   PYHAP → ....

3. why – they – eat → ....?

   RUNYGH → ....

4. why – I – cry → ....?

   DSA → ....

12 **Réponds aux questions en observant les indices visuels du tableau suivant.**

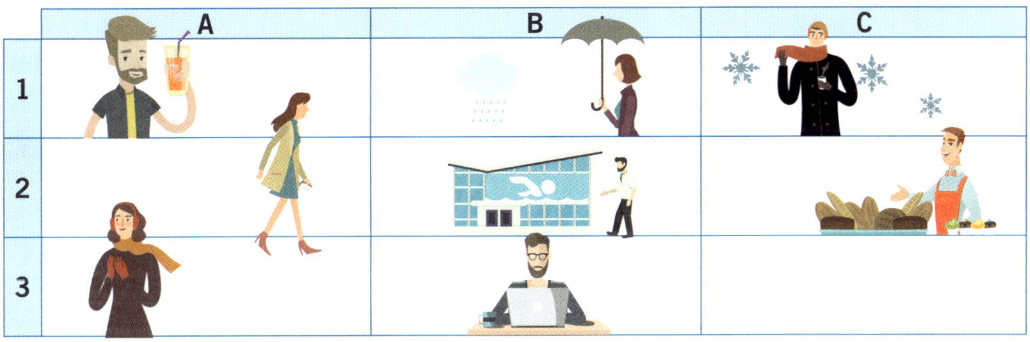

1. Is the woman walking in **A2**? ....
2. .... in **B2**? He's going to the swimming-pool.
3. Who is drinking a glass of orange juice? .... in .... *(case)*.
4. .... in **A3**? She's wearing a brown coat.
5. Where is he in **C2**? ....
6. .... in **B1**? Because it's raining.
7. Why is he putting a coat on in **C1**? ....
8. .... in **B3**? He's working.

Exprimer ses goûts, ses opinions, ses pensées, ses sentiments, sa volonté, ses habitudes

Pour cela, on utilise un temps qui s'appelle le présent simple. Il se forme ainsi :

• **Forme affirmative :**

BV seule à toutes les personnes, avec un petit changement à la 3e personne du singulier, pour laquelle tu devras ajouter un **-s** (ex. : **I/you eat, she/he/it eats, we/you/they eat**).

Deux choses à retenir :

– On ajoute **-es** (et non **-s** si le verbe se termine en **ch**, **sh**, **o**, **s**, **x**, **z**, **s**).

Ex. : **watch** ➜ **he/she watches** ['ouotchiz], **go** ➜ **he/she goes** ['g^{eu}-ouz].

– Si le verbe se termine par **-y** et que celui-ci est précédé d'une consonne, alors il se tranforme en **-ies** (ex. : **play** ➜ **plays** mais **cry** ➜ **cries**).

• **Forme négative :**

Petit rappel, on utilise la forme pleine (FP) à l'écrit et plutôt la forme contractée (FC) à l'oral.

– FP : sujet + auxiliaire **do** (**does** à la 3e personne du singulier) + **not** + BV (ex. : **I/you do not eat** [dou not] ; **she/he/it does not eat** [deuz not] ; **we/you/they do not eat**).

– FC : **I/you don't eat** ['d^{eu}-ount], **she/he/it doesn't eat** ['deuz^{eu}nt], **we/you/they don't eat**.

• **Forme interrogative :**

Là encore, tu dois faire une inversion entre l'auxiliaire **do** et le sujet + BV (ex. : **Do I/you eat? Does she/he/it eat? Do we/you/they eat?**). Pour répondre par *oui* ou *non*, on reprend le sujet + l'auxiliaire (ex. : **Do you read? Yes, I do – No, I do not/No, I don't**).

Tout interrogatif viendra en tête de phrase (ex. : **Why does she run?** ➜ *Pourquoi court-elle ?* **What do you eat?** ➜ *Que manges-tu ?*). Avec **who** : **who** + verbe à la 3e personne du singulier (ex. : **Who runs?** ➜ *Qui court ?*).

Le présent simple s'utilise pour parler de faits qui se répètent, comme :

– une habitude, une situation régulière ou qui dure (ex. : **I run every day** ➜ *Je cours tous les jours* ; **She works in Brest** ➜ *Elle travaille à Brest*) ;

– une action ou un fait valable tout le temps et qui ne changera pas (ex. : **Babies cry** ➜ *Les bébés pleurent*).

Un petit proverbe pour la route : **Time flies** (➜ *Le temps passe*).

Banque de mots

to come from ['keum fr^{eu}m], *venir de, être originaire de*

drum ['dreum], *batterie*

to exercise ['ègz^{eu}saïz], *faire du sport*

farmer ['fâm^{eur}] , *agriculteur*

flat ['flat], *appartement*

to get up ['gèt ^{eu}p], *se lever*

to go shopping ['choping], *aller faire des courses*

Structures utiles pour demander la provenance/le lieu

– Si tu veux demander à quelqu'un d'où il vient, voilà la structure à utiliser : **where do(es)** + sujet + **come from?** ['ouè-^{eu} dou/deuz… keum fr^{eu}m]. On te répondra par : sujet + **come(s) from** + pays/ville (ex. : **He comes from Chicago** ➜ *Il vient de Chicago*).

– Pour demander où il habite : **where do(es)** + sujet + **live?** ['ouè-^{eu} dou/deuz … 'liv]. Réponse : sujet + **live(s) in** + pays/ville (ex. : **They live in Texas** ➜ *Ils vivent au Texas*).

Indiquer une fréquence

3 choses à ne pas oublier :

– le jour doit être précédé de la préposition **on ;**

– le jour doit prendre un **-s** final ;

– le jour ne doit pas être introduit par un article défini comme en français (ex. : **I eat a sandwich on Ø Mondays** ➜ *Je mange un sandwich le lundi*).

Chaque/tous les se dit **every** ['èvri] + nom au singulier. **Every day** ➜ *tous les jours* ; **every week** ➜ *toutes les semaines* ; **every month** ➜ *tous les mois*.

Banque de mots

to go to bed ['g^{eu}-ou t^{eu} 'bèd], *aller se coucher*

to grow ['gr^{eu}ou], *pousser*

guitar* [gi'tâ^{r}], *guitare*

how ['Haou], *comment*

to live (in) ['liv], *vivre (à), habiter (à)*

mechanic [mi'kanik], *mécanicien*

piano* [pi'an^{eu}-ou], *piano*

policeman [po'lism^{eu}n], *policier*

to speak English ['spik 'inglich], *parler anglais*

to smoke ['sm^{eu}-ouk], *fumer*

to take a shower ['tèïk ^{eu} 'cha-ou^{eur}], *prendre une douche*

teacher ['titch^{eur}], *professeur*

tree ['tri], *arbre*

trumpet* ['treumpit], *trompette*

vet ['vèt], *vétérinaire*

violin* [vaï^{eu}'lin], *violon*

to wash ['ouoch], *(se) laver*

What time…? ['wot 'taïm], *À quelle heure… ?*

* *Jouer d'un instrument* ➜ **to play the** + nom de l'instrument.

13 Conjugue les verbes entre parenthèses au présent simple.

1. Thomas *(eat)* .... cheese every day. **2.** I *(sing)* .... Irish songs.

3. Ella *(wash)* .... her car on Sundays. **4.** They *(live)* .... in Berlin.

14 Complète les espaces avec l'une des formes suivantes : **does, doesn't, don't ou do.**

1. .... she play the piano?
2. Peas are not good. We .... like them.
3. .... you speak English?
4. Oliver .... not exercise a lot.
5. My parents .... not come from France.
6. No, my sister .... drink milk.

15 Construis des phrases de « vérités générales » à l'aide des éléments suivants.

1. winter / snow / fall → ....
2. trees / grow / apples → ....

Demander à quelqu'un ce qu'il fait dans la vie

What do(es) + sujet + **do?** (ex. : **What do you do?** ['ouot d**ou** iou 'd**ou**]).

On y répond par : sujet + **to be** + **a/an** + métier (ex. : **I'm a vet** → *Je suis vétérinaire*).

16 Complète les phrases suivantes en posant la question ou en donnant la réponse (pour cela, il te faudra remettre les lettres des noms de métiers dans l'ordre).

1. .... Amy and Sarah ......? They're .... (CHTRSEAE).
2. .... Mark ......? He's .... (MARFER).
3. .... Joseph ......? He's .... (CCHIEMAN).
4. .... Helen ......? She's .... (ETV).
5. .... Alan do? He's .... (NIPLOCEMA).

Banque de mots

En parlant de ses habitudes au présent simple, on utilise souvent les adverbes de fréquence suivants :

always ['ôlouèïz], *toujours*

never ['nèv[eur]], *jamais*

often ['of[eu]n], *souvent*

sometimes ['seumtaïmz], *parfois*

usually ['iouj[eu]li], *généralement*

Ils se placent entre le sujet et le verbe au présent simple (ex. : **I sometimes/often/usually/always/never play tennis**).

17 Classe les personnages de celui qui va le plus à celui qui va le moins au cinéma.

Vanessa : "I often go to the cinema.", Jules : "I never go to the cinema.", Zoe : "I always go to the cinema.", Liam : "I sometimes go to the cinema."

1. (++) .... **2.** (+) .... **3.** (–) .... **4.** (– –) ....

18 Remets les mots dans l'ordre pour former une phrase pertinente.

1. rains-autumn-it-often-in ➜ ....

2. o'clock-seven-usually-up-get-I-at ➜ ....

3. exercise-brothers-morning-my-always-the-in ➜ ....

....

19 Les parents du correspondant écossais de Pierre veulent en savoir plus sur ses habitudes pour organiser sa venue. Complète leur échange en anglais à partir de ce qu'il nous dit en français.

« Je me lève à 7h30, je prends mon bol de céréales à 8 heures, je pars pour l'école à 8h30, je prends mon déjeuner à 13 heures et je fais mes devoirs à 18 heures. »

1. – What time do you get up? ➜ ....

2. – ....? ➜ I have breakfast at 8 o'clock.

3. – What time do you go to school? ➜ ....

4. – ....? ➜ I have lunch at 1 p.m.

5. – ....? ➜ I do my homework at 6 p.m.

20 **Alan est en voyage linguistique en Australie. Il veut envoyer un e-mail en anglais à un ami, dans lequel il raconterait les habitudes de vie de sa famille d'accueil, mais il ne sait pas comment traduire ce qu'il veut mentionner. Essaie de l'aider à dire que :**

a. ils habitent à Sydney dans une maison ;

b. les enfants mangent beaucoup de légumes ;

c. ils vont souvent au restaurant et parfois au zoo ;

d. le père joue de la batterie et il fume ;

e. ils font de l'exercice tous les jours ;

f. John et Patrick jouent au rugby le samedi ;

g. ils font des courses le lundi ;

h. Annie parle allemand et fait du violon le mercredi.

To: happytommy@monpote.fr

Object: my Australian family

Dear Tom,

My Australian family is very nice: **a.** ……………………………………………

b. ……………………………………………

c. ……………………………………………

d. ……………………………………………

e. ……………………………………………

f. ……………………………………………

g. ……………………………………………

h. ……………………………………………

Cheers! Alan

21 **Pose la question correspondant à l'élément souligné dans la réponse.**

1. …………………………… I usually go to the swimming-pool on Fridays.

2. …………………………… No, my mother doesn't smoke.

3. …………………………… I sometimes go to the cinema on Saturdays.

4. …………………………… I drink milk because it's good!

5. …………………………… Her father is a vet.

Banque de mots

to hope ['Heu-oup], *espérer*

to know ['neu-ou], *savoir*

to need ['nid] + complément, *avoir besoin de* + complément

to remember [ri'mèmbeur], *se souvenir de*

to think ['THink], *penser*

to understand [eundeu'stand], *comprendre*

to want ['ouãnt], *vouloir*

to wish ['ouich], *souhaiter*

22 **Relie chaque début de phrase à la suite qui lui correspond le mieux.**

1. She's going to the baker's because she ○ | ○ **a.** want to buy some meat.
2. She doesn't understand ○ | ○ **b.** a merry Christmas!
3. We wish you ○ | ○ **c.** needs some bread.
4. I'm going to the butcher's because I ○ | ○ **d.** English.

23 **Jonathan confond certains verbes. Aide-le à choisir celui qui correspond le mieux dans les phrases suivantes.**

1. Do you hope – remember the lesson?

2. Does she know – think this man?

3. I hope – think that he is rude.

4. "Does your friend want cheese?
– I don't know – hope."

Les goûts et préférences

to hate ['Hèït], *détester*

to like ['laïk], *bien aimer*

to love ['leuv], *adorer*

to prefer [pri'feur], *préférer*

apricot ['èïprikot], *abricot*

but [beut], *mais*

cherry ['tchèri], *cerise*

chicken ['tchikeun], *poulet*

chips ['tchips], *frites*

grapes ['grèïps], *raisin*

honey ['Heuni], *miel*

ice cream ['aïs krim], *crème glacée*

lemon ['lèmeun], *citron*

mashed potatoes ['macht peu'tèïteuouz], *purée*, textuellement *pommes de terre écrasées*

mushroom ['meuchroum], *champignon*

rice ['raïs], *riz*

sausage ['sosidj], *saucisse*

shrimp ['chrimp], *crevette*

wine ['ouaïn], *vin*

yuck ['ieuk], *beurk*

yum(my) ['ieum(i)], *miam*

Lorsque tu voudras proposer quelque chose, utilise **some** (et non **any**, comme il serait grammaticalement attendu) ; c'est une marque de politesse (ex. : **Do you want some tea?** → *Voulez-vous du thé ?*).

24 Complète la grille suivante.

Vertical :

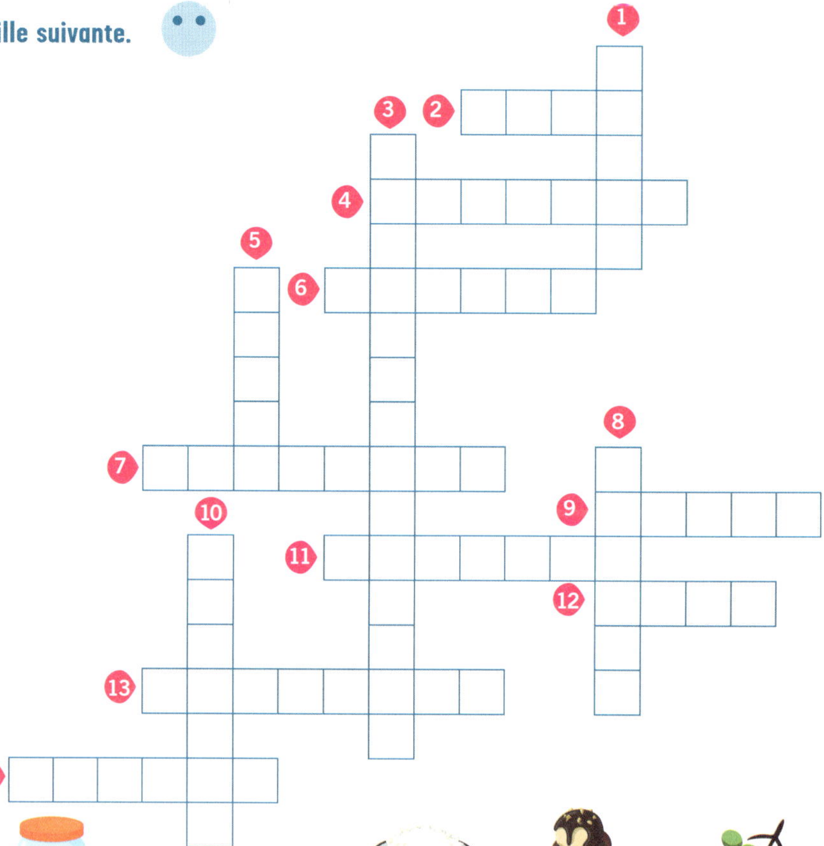

Horizontal :

25 Réponds par « oui » ou « non » aux questions suivantes selon le modèle ou complète les questions en employant le verbe like ou hate.

1. ....? Yes, they do.
2. Does he hate chips? ....
3. ....? No, she doesn't.
4. Do they like ice cream? ....

26 **Pour un projet d'école, Félix doit faire un compte rendu sur les goûts de ses camarades, mais il n'est pas très fort en anglais. Peux-tu l'aider à remplir son formulaire en observant la grille suivante ?**

	Déteste	N'aime pas	Aime	Adore
David	saucisses	poulet	fromage	riz
Simon	champignons	citrons	miel	raisin
Petra	cerises	lait	glace	frites

1. David hates ...., he .... chicken but he likes .... and loves ....

2. Simon .... mushrooms, doesn't like .... but he likes .... and .... grapes.

3. Petra hates cherries, doesn't like .... but she .... ice cream and .... chips.

-ing ou présent simple ?

Un exemple avec le cas du verbe **to have** :

<table>
<tr><td>FA</td><td colspan="2">I/you have ['Hav] ; she/he/it has ['Haz] ; we/you/they have ['Hav]</td></tr>
<tr><td>FN
(X)</td><td>Forme pleine (écrit) :
I/you, we/you/they do not have
she/he/it does not have</td><td>Forme contractée (oral) :
I/you, we/you/they don't have
she/he/it doesn't have</td></tr>
<tr><td>FI
(?)</td><td colspan="2">Toujours le même principe, on procède à une inversion :
Do I/you have? Does she/he/it have? Do we/you/they have?
Et pas de réponse par un simple yes ou no, mais :
Yes, I do – she does ou No, I do not/don't – she does not/doesn't.
Les interrogatifs, comme d'habitude, en tête de phrase :
What do you have: a bath or a shower?
Avec who + have à la 3e personne du singulier : Who has tea for breakfast?
➜ Qui prend du thé pour le petit-déjeuner ?</td></tr>
</table>

Have te sera utile quand tu voudras employer certaines expressions avec le verbe *prendre* (*prendre un verre, le petit-déjeuner, une douche,* etc.). Dans ce cas, tu l'utiliseras au présent simple s'il s'agit d'une habitude (ex. : **I have soda every day** ➜ *Je prends du soda tous les jours*) ou au présent -ing si l'action se passe au moment où tu l'évoques (ex. : **I'm having a glass of soda** ➜ *Je prends un verre de soda* – là, maintenant).

Tu peux aussi retenir la structure **have a good time**, qui signifie *passer un bon moment, bien s'amuser.*

Une expression marrante : **to have a whale of a time**, qui signifie *bien se marrer* ou *se marrer comme une baleine* (**whale** ➜ *baleine* !).

27 **Que sont-ils en train de prendre ? Détache les phrases collées, puis attribue à chaque illustration la phrase qui lui correspond.**

theyarehavinganappleheishavingashowerwearehavingbreakfastsheishavingaglassofwine

1. ....

2. ....
....

3. ....
....

4. ....
....

28 **Tu es en voyage. Votre guide touristique ne sait pas expliquer les habitudes alimentaires très précises de ton groupe au restaurateur : aide-le à traduire.**

1. « Je prends du pain et du raisin tous les jours pour le petit-déjeuner. »

→ ....

2. « Le lundi, je prends du riz et des crevettes pour le déjeuner. »

→ ....

3. « Nous prenons toujours du poulet et des tomates pour le dîner. »

→ ....

Bravo, tu es venu à bout de la troisième unité ! Il est maintenant temps de compter les icônes et de reporter le résultat en page 128 pour l'évaluation finale.

Unité 4

Exprimer la capacité, l'autorisation, l'obligation, l'interdiction, la volonté et le souhait

L'impératif

- À la 1re personne du pluriel, pour suggérer une activité. Formation : **let's** (→ **let us***) + BV.
  Ex. : **Let's go to the zoo!** → *Allons au zoo !*

**us correspond au pronom personnel complément de la 1re personne du pluriel. Nous allons voir les autres à la leçon suivante.*

- À la 2e personne du singulier et du pluriel pour donner un ordre, émettre une interdiction. Formation : BV à la **FA** ✓ (ex. : **Go to bed!** → *Va au lit !*), **don't (do not)** + BV à la **FN** ✗ (ex. : **Don't watch TV!** → *Ne regarde pas la télé !*). On l'utilise aussi à ces personnes pour donner une consigne ou indiquer une démarche une recette, un mode d'emploi.
  Ex. : **Pour** ['pô] **the tea** → *Versez le thé.*

Banque de mots

quiet ['kouaïeut], *calme, silencieux*

to sit down ['sit da-oun], *s'asseoir*

to stand up ['stènd eup], *se lever*

1 **Relie les phrases à l'impératif à la description qui leur correspond.**

a. « *Don't cry!* » ○	○ **1.** Tom ne veut pas boire son verre de lait.
b. « *Set the table!* » ○	○ **2.** Hugo mange trop de frites.
c. « *Let's go to the swimming-pool!* » ○	○ **3.** Simon doit faire ses devoirs.
d. « *Don't eat so many chips!* » ○	○ **4.** Le prof veut du silence, chut !
e. « *Do your homework!* » ○	○ **5.** Le papa d'Emma la console.
f. « *Get up! It's time to go to school!* » ○	○ **6.** La mère de Paul lui demande de mettre la table.
g. « *Drink your milk!* » ○	○ **7.** La mère de Louise la réveille.
h. « *Be quiet!* » ○	○ **8.** Anna invite Isa à aller jouer à la piscine.

2 Complète les formes impératives suivantes à l'aide des verbes entre parenthèses (vocabulaire de révision).

1. .... *(put on)* your coat, it's cold!
2. .... *(go)* to the restaurant! Chinese or Italian?
3. .... *(wear)* that shirt! It's ugly!
4. .... *(make)* a cake together for Dan's birthday!

Banque de mots

again [^{eu}'gèn], *encore*

to brush ['breuch] + adjectif possessif + **teeth**, *se brosser les dents*

to call ['kôl], *appeler*

to help ['Hèlp], *aider*

to hurry up ['Heuri ^{eu}p], *se dépêcher*

to peel ['pil], éplucher

to slice ['slaïs], *couper en tranches*

to tidy ['taïdi], *ranger*

to try ['traï], *essayer*

to worry ['oueuri], *s'inquiéter*

3 Samantha doit traduire plusieurs énoncés à l'impératif, mais n'a pas appris son vocabulaire. Peux-tu l'aider ?

	Français	English
1.	Brosse-toi les dents !	....!
2.	....!	Slice the cheese!
3.	N'épluche pas les tomates !	....!
4.	....!	Let's call Sarah at 5 o'clock!
5.	Ne t'inquiète pas !	....!

Les pronoms personnels compléments

Les pronoms personnels compléments sont les suivants :

- **me** [mi] → *moi* ;
- **you** [iou] → *toi* ;
- **her** [Heu^{r}] → *elle, la* ;
- **him** [Him] → *lui, le* ;
- **it** [it] → ça, *le* ;
- **us** [eus] → *nous* ;
- **you** [iou] → *vous* ;
- **them** [DH^{eu}m] → *eux/elles, les.*

Ex. : **I want this car → I want it ; I like this girl → I like her.**

4 Remplace les parties soulignées par des pronoms personnels compléments dans les énoncés suivants.

1. Peel <u>the tomatoes</u>! → Peel ....!
2. Slice <u>the cheese</u>! → Slice ....!
3. Forgive <u>Jane</u>! → Forgive ....!
4. Call <u>Jack</u>! → Call ....!
5. Pamela likes <u>you and me</u>.
   She likes ....

Banque de mots

Certains verbes, que tu seras amené à utiliser avec un nom/pronom personnel complément, sont suivis d'une préposition. Voici les plus courants :

to listen to ['lis^{eu}n t^{eu}], *écouter quelqu'un/quelque chose*

to look at ['louk ^{eu}t], *regarder quelqu'un/quelque chose*

to talk to ['tôk t^{eu}], *parler à quelqu'un*

to wait for ['ouèït fô^{r}], *attendre quelqu'un/quelque chose*

5 Entoure la bonne préposition après chaque verbe.

1. Talk at - to - for me!
2. Look at - to - for the beautiful flower!
3. Wait at - to - for your brother!
4. Listen at - to - for your father!

6 Qui suis-je ?

1. I'm looking at my book. I'm ....
2. I'm listening to the teacher. I'm ....
3. I'm talking to my neighbour. I'm ....

Can et can't

Can ['kan] est ce qu'on appelle un auxilaire modal (un outil grammatical qui permet de présenter un verbe sous un certain point de vue). **Can** est l'auxiliaire modal qui permet de parler de ce qui est possible ou pas. Construction : aux 3 formes, il se construit de la même façon à toutes les personnes.

FA ✓	Utilisation : pour exprimer la capacité (physique et intellectuelle) ou ce qu'on a l'autorisation de faire. Formation : sujet + BV (donc pas de **-s** à la 3e personne du singulier), soit **I, you, she/he/it, we, you, they can** + BV Ex. : **I can swim** → *je sais nager*, **they can read** → *ils savent lire*
FI ?	Utilisation : pour formuler une demande polie ou demander une autorisation. Formation : simple inversion auxiliaire et sujet Ex. : **Can I, you, she/he/it, we, you, they** + BV**?** Tu y répondras en reprenant l'auxilaire : **Yes, I can** ou **No, I cannot/can't.** Comme d'habitude, s'il y a un mot interrogatif, tu le placeras en début de phrase (ex. : **What can you do?**). Cas de **who** : **who** + **can** + BV Ex. : **Who can swim?** → *Qui sait nager ?*
FN X	Utilisation : pour exprimer l'incapacité ou l'absence d'autorisation. Formation : sujet + **cannot** + BV, soit **I, you, she/he/it, we, you, they cannot** [kanot]/**can't** ['kãt] (forme contractée) + BV.

Un petit proverbe pour la route :
Money cannot buy happiness
→ *L'argent ne fait pas le bonheur.*

Banque de mots

to borrow ['bor^eu-ou], *emprunter*

to draw ['drô], *dessiner*

to hoover ['Houv^eur], *passer l'aspirateur*

to lend ['lènd], *prêter*

to paint ['pèïnt], *peindre*

to repeat [ri'pit], *répéter*

7 Complète les espaces à l'aide de can ou can't.

Ma fille ne sait pas nager. — 1. Emma .... swim.

Mon fils joue de la batterie. — 2. John .... play the drum.

Mes filles ne savent pas cuisiner. — 3. Suzie and Louise .... cook.

Mes fils chantent très bien. — 4. Tom and David .... sing.

8 Donne une réponse courte aux questions suivantes.

1. Can they play rugby? → .... 
2. Can he speak German? → .... 
3. Can he paint? → .... 
4. Can she draw? → .... 

9 En observant la grille suivante, complète les phrases pour indiquer la capacité ou l'incapacité.

	A	B
1		
2		
3		

1. .... in **A2**? No, she can't.
2. .... in **B2**? Yes, she can.
3. Can he make a cake in **A1**? ...., ...
4. They .... sing in **B1**.
5. .... in **A3**? Yes, they can.
6. Can he remember the lesson in **B3**? ...., ...

10 Peux-tu compléter la requête de Jerry de deux manières différentes.

"........ .... lend me your pen, please?" ou ".... .... borrow your pen, please?"

11 Sarah formule plusieurs demandes à sa mère, mais cette dernière négocie en exprimant les siennes... Remets leurs phrases dans l'ordre.

1. - Sarah: « chips / dinner / have / can / we / for / ? »

➜ ....

- Mother: « bedroom / tidy / can / your / you / ? »

➜ ....

2. - Sarah: « film / go / after / bed / the / I / to / can / ? »

➜ ....

- Mother: « table / you / set / can / the / ? »

➜ ....

3. - Sarah: « shopping / can / I / go / ? »

➜ ....

- Mother: « the / hoover / you / can / floor / ? »

➜ ....

On utilise aussi **can** avant les verbes de perception. Par exemple, *j'entends un chat* se dira **I can hear a cat**.

Banque de mots

blind ['blaïnd], *aveugle*

deaf ['dèf], *sourd*

dumb ['deum], *muet*

to hear ['Hi-[eur]], *entendre*

to see ['si], *voir*

to smell ['smèl], *sentir*

12 Peux-tu traduire les phrases suivantes ?

1. Peux-tu te dépêcher ?

➜ ....?

2. Peut-il lui pardonner (à elle) ?

➜ ....?

3. Peut-elle nous attendre ?

➜ ....?

4. Peux-tu les aider ?

➜ ....?

5. Peux-tu répéter ?

➜ ....?

13 Reformule les phrases suivantes pour conserver le sens.

1. He can't see → He is ....
2. She .... → She is deaf.
3. They .... → They are dumb.

14 Pose la question qui porte sur l'élément souligné dans les phrases suivantes.

1. ....? I can run in the park.
2. ....? My father can speak German.
3. ....? My sister can paint and swim.
4. ....? They can help because they're nice.

Must et mustn't

Must ['meust] est aussi un auxiliaire modal.
Il te permettra de parler de ce qui est obligatoire ou interdit.

Construction : aux 3 formes, il se construit de la même façon à toutes les personnes.

FA ✓	Utilisation : pour exprimer l'obligation. Formation : sujet + BV (donc pas de **-s** à la 3e personne du singulier) : **I, you, she/he/it, we, you, they must** + BV (ex. : **She must go to bed** → *Elle doit aller au lit*).
FI ?	Utilisation : pour demander si l'on doit faire quelque chose. Formation : simple inversion auxiliaire/sujet + BV : **Must I, you, she/he/it, we, you, they** + BV**?** (ex. : **Must we go to bed?** → *Devons-nous aller au lit ?*) . On y répond en reprenant l'auxilaire : **Yes, I must** ou **No, I must not/mustn't** ['meuseunt]. Comme d'habitude, s'il y a un mot interrogatif, on le place en début de phrase (ex. : **Where must you go?** → *Où dois-tu aller ?*). Cas de **who** : **who** + aux. modal + BV (ex. : **Who must call?** → *Qui doit appeler ?*).
FN ✗	Utilisation : pour exprimer l'interdiction. Formation : sujet + **must not** + BV : **I, you, she/he/it, we, you, they must not/mustn't** + BV (ex. : **They mustn't go to bed** → *Ils ne doivent pas aller au lit*).

Banque de mots

to arrive [eu'raïv], *arriver*

before [bi'fôr], *avant*

to bother ['beuDHeur], *embêter*

to chat ['tchat], *bavarder*

to cheat ['tchit], *tricher*

class ['klas], *cours*

junk food ['djeunk foud], *malbouffe*

late ['lèït], *en retard*

to learn ['leun], *apprendre*

to obey (your parents) [eu'bèï], *obéir (à ses parents)*

on time [on 'taïm], *à l'heure*

phone ['feuoun], *téléphone*

to use ['iouz], *utiliser*

15 Complète les espaces suivants par **must** ou **mustn't**.

1. You ______ eat much junk food. You ______ eat vegetables.
2. You ______ obey your parents.
3. You ______ bother your brothers and sisters.
4. I ______ help my friends.
5. I ______ brush my teeth every day.

must

mustn't

16 Qu'est-il obligatoire ou interdit de faire à l'école ?
Classe les phrases suivantes dans le tableau.

listen to the teacher – use their phones in class – be talkative in class
chat in class – run in the corridors – learn their lessons – arrive at school on time
do their homework – get up at 7 to go to school – cheat on their neighbours

Pupils must	Pupils mustn't

17 **Pose la question portant sur la partie soulignée, en utilisant l'un des verbes suivants : call – go – hurry up – go to bed.**

1. ....? I must .... because I'm late.

2. .... you ......? I must ...... my sister.

3. .... the children ....?
They must .... at 10 p.m.

4. .... he ....? He must .... to the hairdresser's.

Le gérondif

Le gérondif est un verbe transformé en nom par l'ajout de **-ing** (ex. : **to sing** ➜ *chanter* ; **singing** ➜ *le chant*). Il s'utilise comme un nom ou un infinitif français, quand celui-ci peut être remplacé par l'expression *le fait de* (ex. : **reading** ➜ *le fait de lire, la lecture*). Tu pourras utiliser un gérondif pour parler de tes activités de loisirs (ex. : **swimming** ➜ *la natation*).

Si le verbe se termine en **-e**, tu l'enlèves ! Ex. : **love** ➜ **loving**.

Le gérondif peut être en position de sujet (ex : **Singing is great** ➜ *Le chant, c'est super*) ou de complément (ex. : **She loves swimming** ➜ *Elle adore la natation*).

Le gérondif est une forme très utile à connaître, car avec l'aide d'un verbe tout simple comme **to do** (*faire*), il te permettra de dire plein de choses !

Ex. : **to do the shopping** ➜ *faire les courses* ; **to do the cooking** ['kouking] ➜ *faire la cuisine/cuisiner* ; **to do the washing-up** ['ouoching [eu]p] ➜ *faire la vaisselle*.

Attention : certains noms se terminent simplement en **-ing** et ne sont pas des gérondifs (ex. : **evening**).

On emploie le gérondif après :

- les verbes exprimant les goûts et les émotions (**to like**, **to love**, **to hate**) ;
- les prépositions **after**, **before** ;
- l'expression **what about** [ouot[eu]'ba-out] pour proposer une activité (*Et si on… ?* ; *Pourquoi ne pas… ?*).

Tu as sûrement remarqué qu'en français, on a tendance à utiliser beaucoup de mots en **-ing** dérivés de l'anglais. Eh bien, la plupart du temps, ces mots ne signifient rien en anglais ! Par exemple, un footing se dit **jogging** en anglais et un jogging (survêtement) se dit **tracksuit** ! Si tu dis à un Anglais que tu fais ton footing en jogging, cela risque d'être drôle !

De la même façon, si tu lui dis que tu vas mettre un smoking, il risque de te trouver un peu « chelou », car en anglais, **smoke** signifie *fumée* et un smoking (costume) se dit **tuxedo** !

Banque de mots

to cycle ['saïk^{eu}l], *faire du vélo*

detective story [di'tèktiv stori], *roman policier*

to do ['dou], *faire*

to do crosswords ['krosoueudz], *faire des mots croisés*

to fish ['fich], *pêcher*

to garden ['gâd^{eu}n], *jardiner*

to hike ['Haïk], *faire de la randonnée*

to horse ride ['Hôs raïd], *faire du cheval*

to fly a kite ['flaï ^{eu} 'kaït], *faire du cerf-volant*

to play cards ['kâdz], *jouer aux cartes*

to play chess ['tchès], *jouer aux échecs*

to park ['pâk], *se garer*

to roller-skate ['r^{eu}oul^{eu} 'skèït], *faire du roller*

to take pictures ['tèïk 'piktch^{eu}z], *prendre des photos*

to travel ['trav^{eu}l], *voyager*

washing-up ['ouoching^{eu}p], *vaisselle*

18 **Quelles activités ces personnages adorent-ils ou détestent-ils faire ?**

	Louise	Walter	Mark	Suzie

	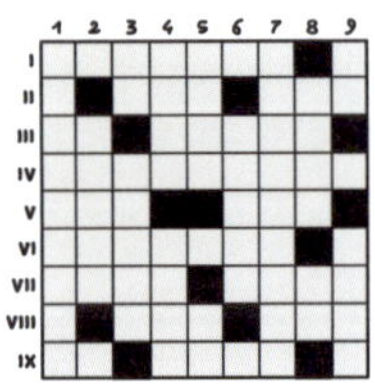			

1. Louise .... / ....

2. Walter .... / ....

3. Mark .... / ....

4. Suzie .... / ....

19 **5 noms d'activités sont cachés dans cette grille. Retrouve-les et place-les à côté de l'image qui leur correspond.**

P	C	Y	C	L	I	N	G
A	C	A	N	E	F	A	B
I	D	A	N	C	I	N	G
N	P	E	T	S	S	U	A
T	M	U	S	T	H	T	T
I	O	H	I	K	I	N	G
N	U	E	A	T	N	N	I
G	T	R	U	N	G	O	N

1. ....

2. ....

3. ....

4. ....

5. ....

20 **Sépare les phrases collées, puis attribue chacune d'entre elles à l'illustrations qui lui correspond.**

flyingakiteisfunnywedothewashingupbeforegoingtobedwhataboutplayingcards?theydon'tliketakingpicturesmymotherlovesreadingdetectivestoriesyoumustbrushyourteethaftereating

1. .... ○
2. .... ○
3. .... ○
4. .... ○
5. .... ○
6. .... ○

○ a.

○ b.

○ c.

○ d.

○ e.

○ f.

Le gérondif peut aussi être utilisé avec une négation pour indiquer une interdiction, en particulier sur des panneaux.

21 Tu connais maintenant 3 façons d'interdire quelque chose : **l'impératif**, **musn't** et **no + gérondif**. Décline-les pour chacun des panneaux suivants.

	impératif	mustn't	gérondif

La structure *to* + BV

Elle s'utilise avec de nombreux verbes, en particulier le verbe **to want** et après l'expression **would like**.

Would like sert à formuler un souhait et se conjugue de la même façon à toutes les personnes : **I, you, she/he/it, you, we, they would like to** + BV (*je/tu voudrais… ils/elles voudraient*). On emploie le plus souvent la forme contractée **'d like**, en particulier à l'oral : **I, you… they'd like to** + BV.

Note que **would like** s'utilise également suivi d'un nom (ex. : **I'd like an apple, please** → *Je voudrais une pomme, s'il vous plaît*).

22 Que veulent-ils faire ? Formule leur volonté à l'aide du verbe **to want**, puis transpose cette volonté en simple souhait à l'aide de **would like**.

1. Simon ……………………………………………

ou ……………………………………………

2. Jack ……………………………………………

ou ……………………………………………

3. Ophelia & Gilles ……………………………………………

ou ……………………………………………

Banque de mots

beautician ['bioutich^eu^n], *esthéticienne*

florist ['florist], *fleuriste*

gown ['ga-oun], *robe d'avocat*

lawyer ['loï^eur^], *avocat*

plumber ['pleum^eur^], *plombier*

secretary ['sèkrètri], *secrétaire*

23 Trouve les lettres manquantes pour reconstituer des noms de professions.

1. Emma uses make-up, she's a BE _ _ TI _ _ AN.
2. My sister sells (*vend*) flowers, she's a _ LO _ _ ST.
3. My husband wears a black gown, he's a LA _ _ E _.
4. My neighbour uses a toolbox, he's a _ _ UM _ ER.
5. I use a phone and a computer, I'm a _ _ CRE _ _ RY.

24 Quelle profession voudraient-ils exercer plus tard ? Formule leurs souhaits.

1. ".."

2. ".."

3. ".."

4. ".."

25 Complète les espaces en conjuguant les verbes à la forme appropriée : BV, to + BV ou BV + -ing ?

1. What about .... *(go)* to the restaurant?
2. We love .... *(garden)*.
3. He wants .... *(read)* a detective story.
4. She can .... *(roller-skate)*.
5. I'd like .... *(hike)* more.
6. You mustn't .... *(take)* pictures in this museum.
7. .... *(travel)* is always interesting.
8. My brother would like .... *(be)* a plumber.

Bravo, tu es venu à bout de la quatrième unité ! Il est maintenant temps de compter les icônes et de reporter le résultat en page 128 pour l'évaluation finale.

Unité 5
Exprimer des actions futures et passées

L'expression du futur

Pour exprimer quelque chose qui va se produire dans le futur, 2 structures te seront utiles pour l'instant :

	Formation	Utilisation
to be going to ['g^{eu}-ou-ing t^{eu}]	**To be** conjugué au présent + **going to** + BV. Ex. : – **They're going to swim.** – **Are you going to swim?** – **She's not going to swim.**	– Pour une action prévue dans un futur proche, quand la décision est prise (*je vais…*). – Quand il existe des indices dans le contexte qui permettent de déduire que quelque chose va avoir lieu (ex. : **The sky is grey, it's going to rain** ; **She's wearing her tracksuit, she's going to run**).
présent -ing	Tu sais le former depuis l'unité 3.	– Pour une action prévue et organisée (la date, le jour ou une heure sont souvent précisés) (ex. : **She's taking the bus at 5 o'clock**).

Banque de mots

because [bi'keuz], *parce que*

blackboard ['blakbôd], *tableau*

to buy ['baï], *acheter*

to get married ['gèt 'marid], *se marier*

to iron ['aï^{eu}n], *repasser du linge*

to leave ['liv], *partir*

to miss ['mis] **the bus/train**, *rater le bus/le train*

next week/month ['nèkst 'ouik/'monTH], *la semaine/le mois dernier(ière)*

to sweep ['souip], *passer le balai*

so ['s^{eu}ou], *donc*

tomorrow [t^{eu}'mor^{eu}ou], *demain*

tonight [t^{eu}'naït], *ce soir*

1 Réponds par oui ou non (en anglais !) et corrige quand c'est nécessaire.

1.

2.

3.

1. Are they going to cycle? → ....
2. Is she going to watch TV? → ....
3. Is he going to smoke? → ....

2 Passe les phrases suivantes à la forme demandée.

1. I'm leaving tomorrow. FN (X) → ....
2. They are going to miss the bus. FI (?) → ....
3. She's buying a house next month. FN (X) → ....

3 Remets les mots dans l'ordre pour former des phrases pertinentes et propose une traduction.

1. not / snow / going / it's / to → ....
   → ....
2. his / going / homework / he / do / to / is / ? → ....
   → ....
3. their / help / to / friend / going / they're → ....
   → ....

4 Relie les phrases suivantes à l'aide de so ou because.

1. She's going to eat an apple .... she's got an apple in her hand.
2. He's taking his books, ... he's going to do his homework.

5 Ordonne les marqueurs temporels du futur (next week, tomorrow, next month, tonight) du plus près (1) au plus éloigné (4) du moment présent.

( ) next week ( ) tomorrow ( ) next month ( ) tonight

6 Demande ce qu'ils vont faire, puis réponds à la question

1. 

2. 

3. 

4. 

1. .... → ....
2. .... → ....
3. .... → ....
4. .... → ....

7 Remets les lettres dans l'ordre pour reconstituer les verbes suivants, puis relie chacun à l'indice qui lui correspond.

1. NIRO → .... ○
2. YBU → .... ○
3. PEWES → .... ○
4. EVELA → .... ○

○ a. 

○ b. 

○ c. 

○ d. 

8 Dans chacune des phrases suivantes, César a commis des erreurs de construction ou n'a pas toujours choisi la forme de futur la plus appropriée. Essaie d'améliorer sa copie.

1. My parents are not going buy a new car. → ....
2. My neighbours getting married in June? → ....
3. I'm cook dinner tomorrow. → ....
4. My mother going to iron my shirt. → ....
5. I'm not going to leave on the 1st of March. → ....
6. Are you hoovering? → ....

9 Dis ce qu'ils vont faire ou ce qui va se passer au moment indiqué.

1. Tom – acheter un cartable – semaine prochaine → ....
2. Pluie – ce soir → ....

10 Réponds brièvement à la question, en corrigeant si nécessaire.

1. Is she going to write on the blackboard?
→ ....

2. Is he going to sweep the kitchen floor?
→ ....

3. Are they going to get married?
→ ....

11 Complète les espaces ci-après en t'appuyant sur les informations contenues dans le tableau suivant.

	A	B	C
1			
2			
3			

1. What is the weather going to be like in **B3**? ....
2. What are the children doing tonight in **A2**? ....
3. .... in **A1**? He's going to iron his sweater.
4. .... in **B1**? Tomorrow.
5. What is she doing next week in **A3**? ....
6. Are they going to play chess in **B2**? ....
7. .... in **C2**? Because they're hungry.
8. Is he going to comb his hair in **C3**? ....
9. What is he going to do in **C1**? ....

Le passé

Pour exprimer une action passée et terminée, qui n'a plus aucun lien avec le présent, tu auras besoin d'un temps appelé prétérit. Au prétérit, l'action est la plupart du temps datée ou associée à un marqueur de temps passé comme *hier*, *la semaine dernière*, *il y a X jours*, *en 1999*, etc. (ex. : **I bought a car yesterday/last week/in 2012** → *J'ai acheté une voiture hier/la semaine dernière/en 2012*). Si l'action n'est pas datée, elle renvoie de façon claire au passé (ex. : **Dinosaurs ate herbs** → *Les dinosaures mangaient des herbes*).

Sa formation va dépendre du verbe, qui peut être régulier ou irrégulier.

	Verbes réguliers	Verbes irréguliers
FA ✓	BV + **-ed** à toutes les personnes (ou **-d** si le verbe finit par **-e**). Ex. : **I like** → **I liked** ; **she loves** → **she loved**. Si le verbe se termine par **-y**, ce sera **-ied** (ex. : **they carry** → **they carried**), sauf si le **-y** est précédé d'une voyelle (ex. : **we play** → **we played**).	Forme fixe à apprendre par cœur (voir ci-après).
FI ?	Réguliers ou irréguliers, ils fonctionnent de la même manière pour les FI et FN : **did** [did] + sujet + BV (ex. : **Did I, you, she/he/it, we, you, they go to the cinema?** → *Suis-je allé, es-tu allé... sont-ils allés au cinéma ?*). Comme pour les autres temps, tu ne répondras pas à une question au prétérit par **yes** ou **no**, mais tu reprendras sujet et auxiliaire (ex. : **Did you drink milk yesterday? No, I did not/didn't – Yes, I did**). Tu placeras tout interrogatif éventuel en début de phrase (ex. : **What did you cook?** → *Qu'as-tu cuisiné ?* **Where did you go?** → *Où es-tu allé ?*). Avec **who** : **who** + verbe au prétérit (ex. : **Who answered?** → *Qui a répondu ?*).	
FN ✗	Sujet + **did not** + BV ou, en forme contractée, sujet + **didn't** [did^{eu}nt] + BV (ex. : **I, you, she/he/it, we, you, they did not/didn't call** → *je n'ai pas appelé, tu n'as pas appelé... ils n'ont pas appelé*).	

Cas à part : le verbe **to be**, à apprendre par cœur :

FA ✓	FI ?	FN ✗ pleine	FN ✗ contractée
I **was** ['ouoz]	**Was** I?	I **was not**	I **wasn't** ['ouoz^{eu}nt]
you **were** ['oueu^{r}]	**Were** you?	you **were not**	you **weren't** ['oueunt]
she/he/it **was**	**Was** she/he/it?	she/he/it **was not**	she/he/it **wasn't**
we, you, they **were**	**Were** we, you, they?	we, you, they **were not**	we, you, they **weren't**

Et **have got** au prétérit ? **Easy as ABC!** (*simple comme bonjour !*) : on enlève **got** et on conjugue **have** comme un verbe normal (**I, you, she/he/it, we, you, they had** → *j'avais, tu avais... ils avaient*).

Voici la plupart des verbes croisés dans l'ouvrage :

Verbes réguliers	**Verbes irréguliers** (prétérit entre parenthèses)
answer, arrive, brush, call, cheat, cook, cry, cycle, dance, exercise, hate, help, hike, hope, hoover, iron, laugh, like, live, love, miss, need, obey, paint, play, rain, remember, smile, smoke, snow, tidy, travel, wait, walk, want, wash, watch, wish, work, worry	**break** (broke ['br^{eu}ouk]), **buy** (bought ['bôt]), **do** (did ['did]), **drink** (drank ['drank]), **eat** (ate ['èït]), **get** (got ['got]), **go** (went ['ouènt]), **have** (had ['Had]), **know** (knew ['niou]), **make** (made ['mèïd]), **put** (put ['pout]), **read** (read ['rèd]), **run** (ran ['ran]), **see** (saw ['sô]), **sing** (sang ['sang]), **sit** (sat ['sat]), **sleep** (slept ['slèpt]), **speak** (spoke ['sp^{eu}-ouk]), **swim** (swam ['souam]), **take** (took ['touk]), **think** (thought ['THôt]), **understand** (understood [eund^{eu}'stoud]), **wear** (wore ['ouô^{r}]), **write** (wrote ['r^{eu}-out])

Banque de mots

ago [^{eu}'g^{eu}-ou], *il y a*
Ex. : **2 days ago**
➜ *il y a 2 jours*

during ['djou^{eu}ring], *pendant*

last week ['last 'ouik], **month** ['meunTH], **year**, *la semaine, le mois, l'année dernier(ière)*

yesterday ['ièst^{eu}dèï], *hier*

to be afraid of [^{eu}'frèïd ^{eu}v], *avoir peur de*

to break ['brèïk], *casser*

calculator [kalkiou'lèït^{eur}], *calculatrice*

chocolate ['tchokl^{eu}t], *chocolat*

countryside ['keuntrisaïd], *campagne*

crisps ['krisps], *chips*

good at + discipline/matière ['goud ^{eu}t], *bon en...*

grandmother ['granmeuDH^{eur}], *grand-mère*

grandfather ['granfâDH^{eur}], *grand-père*

keen on ['kin on], *très intéressé par*

mistake [mi'stèïk], *erreur*

mountain ['ma-ountin], *montagne*

pie ['paï], *tarte*

ruler ['roul^{eur}], *règle*

sea ['si], *mer*

scissors ['siz^{eu}z], *ciseaux*

slow ['sl^{eu}ou], *lent*

quick ['kouik], *rapide*

bear ['bè^{eur}], *ours*

monkey ['monki], *singe*

wolf ['ouolf], *loup*

bee ['bi], *abeille*

bird ['beud], *oiseau*

butterfly ['beut^{eu}flaï], *papillon*

frog ['frog], *grenouille*

snail ['snèïl], *escargot*

spider ['spaïd^{eur}], *araignée*

12 Donne le prétérit des verbes suivants à la forme affirmative et négative (ex. : want → wanted / didn't want).

1. smile → .... / ....
2. swim → .... / ....
3. cry → .... / ....
4. smoke → .... / ....
5. go → .... / ....
6. take → .... / ....

13 Dans chaque ligne, entoure la construction prétérit qui est correcte.

1. Did you make a cake? – Did you made a cake? – Do you made a cake?
2. It didn't sunny yesterday – It didn't was sunny yesterday – It wasn't sunny yesterday.
3. Did he was afraid of spiders? – Was he afraid of spiders? – Did he were afraid of spiders?
4. I didn't went to Paris last month – I went not to Paris – I didn't go to Paris.
5. She took a shower 2 minutes ago – She taked a shower – She tooked a shower.

14 Complète les espaces par **was**, **were**, **had**, **did** ou **have**.

1. We .... crisps and pie for lunch.
2. .... they sick yesterday?
3. What .... he do when he .... younger? He .... a plumber.
4. We .... not born on the 20th of March.
5. .... she .... a pet when she .... a child?
Yes, she .... a cat.

15 Conjugue les verbes entre parenthèses au prétérit.

1. We .... *(go)* shopping three days ago.
2. She always .... *(exercise)* when she .... *(be)* young.
3. .... you .... *(do)* the washing-up yesterday?
4. The pupils .... *(understand)* the lesson.
5. My grandfather never .... *(speak)* English at school.

16 Trouve les 7 formes prétérit cachées dans la grille, puis associe-les à l'infinitif qui correspond (tu devras remettre les lettres dans l'ordre).

E	P	L	A	Y	E	D	E
M	A	T	E	E	C	I	B
O	V	N	I	R	W	N	O
R	C	A	L	L	E	D	U
A	A	P	E	A	N	A	G
K	N	E	W	S	T	M	H
E	T	B	R	O	K	E	T

1. To **LALC** ➜ .... / prétérit : ....
2. to **OG** ➜ .... / prétérit : ....
3. to **UBY** ➜ .... / prétérit : ....
4. to **WONK** ➜ .... / prétérit : ....
5. to **TEA** ➜ .... / prétérit : ....
6. to **YPAL** ➜ .... / prétérit : ....
7. to **KEABR** ➜ .... / prétérit : ....

17 La semaine dernière, Jason a été puni au collège. Explique pourquoi en utilisant les verbes (que tu conjugueras au prétérit) et les compléments suivants.

to the teacher | make | in the corridors | do | run | sleep | many mistakes | during the class | his homework | listen

1. N'a pas écouté le prof ➜ ....
2. A fait beaucoup de fautes ➜ ....
3. A dormi en classe ➜ ....
4. A couru dans les couloirs ➜ ....
5. N'a pas fait ses devoirs ➜ ....

18 Pose la question correspondant à l'élément souligné dans la réponse.

1. ....? I went to the countryside.
2. .... tired this morning? Because I didn't sleep well yesterday.
3. ....? They got married last year.
4. .... two days ago? He ate chocolate.
5. ....? My grandmother did crosswords.
6. .... this morning? I went hiking.

19 Réponds par oui ou non (en anglais !) et corrige si nécessaire.

1.

2.

3.

1. Did she eat some crisps yesterday?

➜ ....

2. Did they go to the sea last summer?

➜ ....

3. Were your parents keen on maths when they were at school?

➜ ....

20 **Forme une phrase au prétérit en utilisant les sujets et compléments suggérés par les illustrations ainsi que le verbe donné entre parenthèses (comme dans l'exemple).**

  (aller) **Ex. :** ➜ The children went to the zoo

 (casser) **1.** ➜ ……………………………………………

 (acheter) **2.** ➜ ……………………………………………

 (manger) **3.** ➜ ……………………………………………

21 **Réponds en anglais aux questions suivantes de manière détaillée en t'aidant du tableau.**

1. De quels animaux les John avaient-ils peur quand ils étaient enfants ?

➜ ……………………………………………

2. Quels animaux Emma a-t-elle vus au zoo ?

➜ ……………………………………………

3. De quels animaux Emma avait-elle peur quand elle était enfant ?

➜ ……………………………………………

4. Quel animal les John ont-ils vu au zoo ?

➜ ……………………………………………

	Emma	**The Johns**
Vus au zoo		
Peur de...		 

Les adverbes

Ils modifient un adjectif ou un verbe, le plus souvent. Nous avons déjà vu ceux de fréquence avec le présent simple.

Sache qu'il est parfois possible de former un adverbe en ajoutant **-ly** à un adjectif. Ex. : **proud** (*fier*) ➜ **proudly** ➜ *fièrement*.

22 Forme des adverbes à partir des adjectifs suivants.

1. slow
→ ....
2. quick
→ ....
3. happy
→ ....
4. polite
→ ....
5. nice
→ ....
6. clumsy
→ ....
7. quiet
→ ....
8. beautiful
→ ....

23 Complète le tableau suivant en utilisant 4 des 8 adverbes de l'exercice précédent.

Action	Manière	Question	Réponse
1. 	Maladroitement	How did he hoover?	....
2. 	Doucement	..............................?	They sang quietly.
3. 	Vite	How did he run?	....
4. 	Joyeusement	How did they sing?	....

Bravo, tu es venu à bout de la cinquième unité ! Il est maintenant temps de compter les icônes et de reporter le résultat en page 128 pour l'évaluation finale.

Prononciation

La voyelle a

Elle se prononce :

- [a] devant une consonne de fin de mot ou plusieurs consonnes, si elle est non suivie par un **r** (ex. : **cat**) ;
- [**â**] devant un **r** seul en fin de mot ou devant **r** + consonne (ex. : **park** ['pâk]) ;
- [èï] devant une consonne suivie d'une voyelle (ex. : **cake**) – exception : **are** [**â**[r]] (verbe **to be**) ;
- [**ô**] devant un **l** (ex. : **ball**) ;
- [[eu]] si elle est seule en fin de mot (ex. : **pizza** ['pits[eu]]).

1 Classe les mots suivants selon la prononciation de leur a.

small, bag, plate, apple, umbrella, baker, farmer, salt, potato, sofa, scarf, hat, table, garden, bald, name, dark, ham, bacon, carpet, Emma, lazy, sad

Se prononce [a] ➜ ....

....

Se prononce [â] ➜ ....

....

Se prononce [èï] ➜ ....

....

Se prononce [ô] ➜ ....

....

Se prononce [[eu]] ➜ ....

....

La voyelle i

Elle se prononce :

- [i] devant une consonne (ex. : **kitchen**) ;
- [aï] devant consonne + voyelle (ex. : **China**) ;
- [**eu**] devant **r** + consonne (ex. : **shirt**).

2 Entoure les mots dans lesquels le i se prononce...

[eu] **1.** bird, mistake, time, girl, spider, first, wife, fridge, third, fish, birthday, sick, thirty.

[i] **2.** dirty, fine, rabbit, rice, sister, third, behind, chicken, girl, time, sick, milk, five, pig.

[aï] **3.** morning, wind, thirsty, write, pencil, scissors, nice, this, think, pie, bike, chip, child, tie.

La voyelle e

Elle se prononce :

- [è] devant une consonne (ex. : **ten**) ;
- souvent [i] devant consonne + voyelle (ex. : **before**) – sauf **where** et **there** ;
- [eu] quand elle est suivie d'une consonne en fin de mot (ex. : **chicken**) ;
- à quelques rares exceptions près, toujours [Ø] (muet) en fin de mot (ex. : **love**).

3 **Indique comment le e se prononce dans chaque ligne et mets les intrus à la poubelle (deux par ligne).**

1. bed, pen, egg, fridge, belt, vet, behind → **se prononce** ....
2. where, Chinese, evening, plate, behind, before → **se prononce** ....
3. oven, write, towel, selfish, listen, ruler → **se prononce** ....
4. knife, bike, desk, nice, evening, rude → **se prononce** ....

S'entraîner avec les paires minimales

Pour bien intégrer les différents sons de l'anglais, tu peux t'entraîner à prononcer ce qu'on appelle des paires minimales, c'est-à-dire des mots qui ne diffèrent que par un seul phonème (ex. en français : *sol* – *sel*). Les sons les plus souvent mal distingués sont : le [i] court de **i** et le [**i**] long de **ee**/**ea**. Il existe un son [i] court et un [**i**] long. Lorsque la lettre **i** se prononce [i], ce son est court. En revanche, lorsque les groupes **ea**, **ee** et **ei** se prononcent [**i**], ce son est long.

4 **Les mots suivants sont-ils tous classés dans la bonne ligne ? Barre ceux qui ne le sont pas.**

i long [**i**]	sleep	cheap	eat	bin (*poubelle*)	feel (*sentir*)	ship (*bateau*)	leave
i court [i]	slip (*glisser*)	chip	it	bean	fill (*remplir*)	sheep	live

5 **Liam devait souligner les mots contenant le son [i] court, mais il a commis des erreurs, lesquelles ?**

MEAL, READ, SING, CLEAN, SHEEP, SWIM, RABBIT, TREE, WEEK, SISTER, SEA, DIRTY, CHEESE, SICK, THIRD, BEE, MILK, TEENAGER, PENCIL, CHIP, CHEAT, CHICKEN

e final et conséquences sur le son voyelle qui précède

Tu as peut-être remarqué que les lettres **a** et **i** se prononcent différemment selon que la consonne qui suit est elle-même suivie d'un **e** final ou non. Par exemple, le [a] de **hat** devient [èï] dans **hate**. De la même manière, le [i] de **win** (*gagner*) devient [aï] dans **wine** (*vin*).

6 **Entraîne-toi en plaçant chacun des mots suivants à côté de sa prononciation, puis prononce-les à haute voix.**

plan (*projet*) / plane (*avion*) — fine (*bien*) / fin (*nageoire*)

mad (*fou*) / made (prétérit de *fabriquer*) — fill (*remplir*) / file (*dossier*)

a. ['fil] ....

b. ['faïl] ....

c. ['mad] ....

d. ['mèïd] ....

e. ['fin] ....

f. ['faïn] ....

g. ['plan] ....

h. ['plèïn] ....

Marquer la différence entre le ch et le sh

Les Français ont tendance à se mélanger les pinceaux quand il s'agit de prononcer les graphies **ch** et **sh**. Et pourtant, ce n'est pas très difficile :

- le **ch** se prononce [tch] (ex. : **chewing-gum** ['tchouing-geum]) ;
- le **sh** se prononce [ch] (ex. : **mushroom** ['meuchroum]). **See? Easy-peasy!**

7 **Place chaque mot dans la forme qui lui correspond, en le prononçant à haute voix.**

chicken – fish – shampoo – beach (*plage*) – shop – chip – church – English – cheese – shirt – chair – shoes – chocolate – ship – she's – sheet (*drap*) – kitchen – wash cheat – choose (*choisir*) – sandwich – butcher

[tch] like chewing-gum

[ch] like mushroom

Un petit peu de jonglage !

Entraîne-toi à prononcer les paires suivantes : **ship** – **chip** ; **she's** – **cheese** ; **sheet** – **cheat** ; **shoes** – **choose**.

Puis entraîne-toi à prononcer les trois phrases suivantes :

- **The children bought chicken, fish, and a cheese sandwich from the English butcher's shop.**
- **She's washing her beach shirt with chocolate shampoo in the church!**
- **He's washing the mushrooms for lunch on the kitchen chair.**

Aspirer le h

Le **h** en début de mot est presque toujours aspiré. Il ne l'est pas dans les mots **what**, **when**, **where**, **why** (mais il l'est dans **who** et **whose**), ni quand il se trouve à l'intérieur d'un mot (ex. : **school** – exception : **behind**).

Mais dans la très grande majorité des cas, en début d'un mot, il doit être aspiré. Il faut que tu marques bien cette aspiration, car il existe de nombreux mots très ressemblants avec lesquels on pourrait les confondre. Retiens cependant que le **h** n'est pas aspiré pour le mot **hour**.

8 Résous les petites énigmes suivantes pour former des paires aspiré/non aspiré (ou l'inverse).

1. Plus court que « Hello » ➜ .... / Je ➜ ....
2. Je suis ➜ I .... /  ➜ ....
3.  ➜ .... / Signifie « et » ➜ ....
4. À 5 heures ➜ .... 5 o'clock /  ➜ ....

a ou *an* ?

On utilise l'article **a** avant les noms dont le **h** est aspiré et **an** devant ceux dont le **h** est silencieux.

9 Émilie a-t-elle raison ?

Our et **hour** se prononcent exactement de la même façon.

Vrai

Faux

10 Entoure le bon article.

1. a – an horse
2. a – an hour
3. a – an house
4. a – an head

La désinence plurielle

Le **-s/-es** des pluriels peut se prononcer de 3 manières différentes :

- [iz] pour les noms qui forment leur pluriel en **-es** (c'est-à-dire après les lettres **-s**, **-sh**, **-ch**, **-x**, **-z**) ;
- [z] après les sons [b], [d], [g], [l], [m], [n], [ng], [v], [DH], [o] ;
- [s] après les sons [f], [k], [p], [TH], [t].

Pour les noms se terminant en **-y** : [iz] (ex. : **babies**), sauf si le **y** ne se prononce pas [i] (ex. : **flies** ['flaïz]).

11 Classe les noms pluriels suivants selon la prononciation de leur désinence plurielle.

boxes, socks, eggs, pencils, pies, dresses, winds, pears (*poires*), cats, beaches, chips, beds, mushrooms, houses, desks, brushes, potatoes, strawberries (*fraises*)

La désinence se prononce comme dans...	
... **ise** d'*église*	
... **ze** de *balèze*	
... **s** de *serpent*	

La désinence -s/-es du présent simple

- Le **-es** se prononce [z] ou [iz] ([iz] après les sons [s], [ch], [tch], [j], [x], [z]).
- Le **-s** se prononce [z] ou [s]. C'est le degré de facilité à prononcer qui est déterminant. Ainsi, il se prononcera [s] après les sons [p], [t], [k] et [f], et [z] après les voyelles et les sons [b], [d] et [g].

Pour les verbes se terminant en **-y** : [iz] (ex. : **worries** ['oueuriz]), sauf si le **y** ne se prononce pas [i] (ex. : **plays** ['plèïz]).

12 Donne les coordonnées des 5 erreurs qui se sont glissées dans la grille suivante.

	A	B	C	D
1	listens [z]	prefers [z]	lives [z]	writes [s]
2	cries [s]	eats [s]	cooks [s]	reads [z]
3	brushes [iz]	sleeps [z]	tidies [iz]	watches [iz]
4	drinks [s]	washes [s]	plays [z]	sings [z]
5	knows [s]	wants [s]	swims [z]	likes [z]

1. ....
2. ....
3. ....
4. ....
5. ....

La désinence -ed du prétérit

Il y a 3 façons de prononcer le **-ed**. Cela dépend du verbe :

- s'il est trop difficile de prononcer [d], tu le prononceras [t] (après les sons [f], [k], [p], [s], [tch]) ;
- si le verbe se termine par un son [d] ou [t], tu le prononceras entre [^{eu}d] et [id] ;
- tu le prononceras [d] après les autres sons consonne.

13 **Envoie les verbes au prétérit suivants dans le bon panier (en indiquant la trajectoire par un trait).** ••

smoked — cried — worked — painted — called — watched — loved — cheated

Les lettres silencieuses

Certaines lettres ne se prononcent pas :

b	Silencieux dans la graphie **mb**, en particulier en fin de mot (ex. : **plumber** ['pleum^{eur}]).
k	Silencieux dans la graphie **kn** en début de mot (ex. : **knife** ['naïf], **know** ['n^{eu}-ou]).
l	Silencieux devant les lettres **m**, **k**, **f** (ex. : **walk** ['wôk], **half** ['Hâf], **lamb** ['lam], *agneau*) et dans **would** [oud].
t	Silencieux entre 2 consonnes (ex. : **castle** ['kas^{eu}l], *château*) et les graphies consonne + **-ten** (ex. : **listen** [' lis^{eu}n]).

14 **Chaque phrase comporte un mot dont une lettre ne se prononce pas. Identifie ce mot en t'aidant du tableau ci-dessus, puis entoure la lettre en question.** ••

1. Emma is writing with chalk. **2.** Jack is not intelligent, he is dumb! **3.** Salmon is pink. **4.** I played rugby and broke my knee. **5.** Christmas is on the 25th of December.

Les accents de mots - Noms et adjectifs

Les mots anglais portent un accent. Qu'est-ce que cela veut dire ? Eh bien, tu remarqueras rapidement, en écoutant de l'anglais, que l'on entend certaines syllabes plus que d'autres. Ces syllabes portent un accent, que l'on signale en ajoutant une apostrophe avant la syllabe concernée (ex. : dans le mot **table**, on entend surtout le **ta-** [tèï] ; sa prononciation est donc notée ['tèib[eu]l]).

Il existe quelques règles pour savoir où se trouve l'accent, mais tu apprendras les accents en entendant les mots régulièrement. Quand tu apprendras un nouveau mot, essaie en même temps de retenir son accentuation.

Seuls les mots porteurs de sens sont accentués, c'est-à-dire les verbes, adverbes, noms et adjectifs (ex. : **the 'rabbit's on the 'table**).

Tu découvriras des exceptions, mais retiens juste cette règle basique : en général, les noms et adjectifs sont accentués sur la 1re syllabe et les verbes sur la 2e quand ils en ont plusieurs (seul l'infinitif compte ; les désinences **-ing** et **-ed** ne comptent pas comme une syllabe).

Exceptions à connaître dès maintenant :

- Noms : **he'llo**, **Ju'ly**, **e'leven**, **to'mato**, **po'tato**, **ba'nana**, **Sep'tember**, **No'vember**.
- Verbes : **to 'listen**, **to 'tidy**.

15 Peux-tu souligner la syllabe accentuée ?

July, computer, to believe, chocolate, November, boring, to tidy, potato, selfish, afternoon, to forgive, friendly, to swim, angry, to listen, happy

16 Peux-tu entourer les mots que tu dois accentuer et mettre l'accent où il faut sur ces mots ?

1. At eleven, I eat bananas in the kitchen for breakfast.
2. She forgot her hoodie. It's on the carpet.
3. Hello, I'm tired. I'm sleeping on the sofa.

Les liaisons

En français, il arrive que tu doives faire la liaison entre plusieurs mots (ex. : *je suis allé* [zalé]). En anglais aussi, il est parfois nécessaire de le faire. La liaison que tu devras le plus souvent marquer est la suivante : son consonne + son voyelle. Quand un mot se terminera par une consonne et sera suivi d'un son voyelle, il te suffira donc de faire comme si cette consonne appartenait au mot qui suit (ex. : **an egg** : « a negg » [[eu] 'nèg] / **read it** : « rea-dit » ['ri dit]).

17 En t'inspirant des exemples ci-contre, complète le tableau.

1. clean it	« .... »	['kl**i** nit]
2. an elephant	« a nelephant »	....
3.	« a nopen door »	[^{eu}n^{eu} -'oup^{eu}n 'd**ô**^{r}]
4.	« ba conan deggs »	['bèï k^{eu}n^{eu}n d'ègz]

La liaison avec le r

Le **r** ne se prononce pas :

- en fin de mot si ce mot est prononcé seul (ex : **car** ['k**â**]) ;
- en fin de mot s'il précède un autre mot commençant par une consonne (ex : **car mechanic** ['k**â** mèkanik]) ;
- si le **r** suit une voyelle et précède une consonne ; le son voyelle qui le précède est alors allongé (ex : **fork** ['f**ô**k]).

En revanche, le **r** se prononce en fin de mot si le mot qui suit commence par une voyelle, afin de faire une liaison (ex : **car engine** ['k**âr** èndjin]).

18 Détache les mots suivants et déniche les 8 termes dans lesquels le r se prononce (4 dans chaque ligne).

parkspringcircusbirdangryscarffloorproudcarpetspidercountry

→ ....

workshowerfridgenevercrysugargarageteachermarketfarmmarry

→ ....

19 Comme dans les exemples 1 et 2, indique quand tu dois prononcer le r (et donc faire la liaison) ou non.

1. four [✖] pears

2. four [✔] apples

3. sugar [ ] and milk

4. bigger [ ] apples

5. pear [ ] pie

6. butter [ ] is yellow

7. car [ ] is red

8. spider [ ] runs

9. butter [ ] in the fridge

10. clever [ ] and funny

Son voyelle suivi d'un autre son voyelle

Pour faciliter l'enchaînement, on ajoute un petit son très léger, qui va servir de pont :

- soit un son [ou] (comme dans *ouate*) – ex. : **do it** → do [ou]it ;
- soit un son [y] (comme dans *yeux*, *paille*) – ex. : **he eats** → he [y]eats.

Mais ne réfléchis pas trop, car on produit ce petit son assez naturellement !

20 Entoure le son bref qui te permettra de prononcer ces énoncés de manière fluide.

1. two [ou] [y] eggs
2. three [ou] [y] eggs
3. the [ou] [y] apple
4. tea [ou] [y] and milk
5. very [ou] [y] old
6. you [ou] [y] are
7. two [ou] [y] apples
8. new [ou] [y] orange
9. try [ou] [y] again
10. funny [ou] [y] ears
11. yellow [ou] [y] umbrella
12. my [ou] [y] eye

L'intonation

En anglais, il existe une intonation montante et une intonation descendante :

- L'intonation est montante pour les questions fermées (auxquelles on répond par *oui* ou *non*).
- Elle est descendante pour les phrases à l'impératif et les questions commençant par un interrogatif en **wh-** (**why**, **where**, **who**, **what**, **when**). Fais attention de ne pas monter en te disant que c'est une question !
- Retiens aussi dès maintenant qu'elle est également descendante pour les phrases affirmatives évoquant des faits et informations neutres.

21 Entoure l'intonation correcte (descendante ou montante) pour ces phrases.

1. Have you got a car? ↗ ↘
2. Don't drink that milk! ↗ ↘
3. Does she like strawberries? ↗ ↘
4. Where is my phone? ↗ ↘
5. London is the capital of England. ↗ ↘
6. Is it sunny in Dublin today? ↗ ↘
7. Christmas is on the 25th of December. ↗ ↘
8. Why are you laughing? ↗ ↘

Bravo, tu es venu à bout de la partie prononciation ! Il est maintenant temps de compter les icônes et de reporter le résultat en page 128 pour l'évaluation finale.

Culture et civilisation

Red Nose Day / La Journée du nez rouge

Red Nose Day is a special day, when people collect money for charity, like the Téléthon in France. It is every other year, in March. It began in 1985 in Great Britain. The red nose is the symbol on that special day. People buy red noses in charity shops or in supermarkets and the money goes to charity. It is a funny day when people laugh a lot, dress up and/or wear red clothes. In schools, sport clubs, at work, people do silly and funny things: they tell jokes, make pranks, organize sponsored funny challenges and sports events, cake sales, talent shows, joke competitions, etc. Pupils and teachers sometimes go to school in their pyjamas! Today, other countries like the USA, Australia and New Zealand celebrate it too.

every other year, *tous les deux ans*
charity, *œuvres caritatives*
dress up, *se déguisent*
silly, *idiotes, bêtes*
jokes, *blagues*
pranks, *farces*
sales, *ventes*
shows, *spectacles*
like, *comme*
celebrate, *fêtent*

1 Nathan n'a pas bien compris en quoi consistait le Red Nose Day ; corrige ses erreurs.

Red Nose Day is an Irish festival. It is every year in June.

a. ....

It started in Ireland in 1950. People buy green clothes in charity shops or in supermarkets and the money goes to the protection of animals.

b. ....

....

It is a funny day when people tell jokes and do funny and silly things.

c. ....

Pupils and teachers go to school wearing green.

d. ....

Today, other countries like the USA, Australia and Germany celebrate it too.

e. ....

Pubs / Les pubs

There are more than 60,000 of them in the United Kingdom. Some of them are very old and existed in the Middle Ages, they often have traditional names like *The Red Lion* or *The Black Swan*. But some of them have funny ones like *The Bunch of Carrots* in Hereford or *The Drunken Duck* in Ambleside. They are very important in British people's lives. What are they? Public houses, or pubs! They are places where people meet their friends, talk, eat, drink and relax, usually after work. They are usually open from 11 a.m. to 11 p.m. Pubs sell all sorts of drinks but mostly many different types of beer and cider. Be careful, English cider is sometimes stronger than beer! You can also eat in many pubs, they have menus with traditional dishes like fish and chips, meat pies, shepherd's pie (kind of hachis Parmentier), bangers and mash (sausages and mashed potatoes), or the Ploughman's Lunch (cheese, bread, and pickles). Finally, you can also play a few games in pubs, the most popular is darts.

Middle Ages, *Moyen Âge*
Swan, *cygne*
Bunch, *bouquet, botte de légumes*
Drunken, *ivre*
places, *endroits*
open, *ouverts*
sell, *vendent*
mostly, *principalement*
careful, *prudent*
also, *aussi*
dishes, *plats*
pickles, *cornichons*
the most, *le plus*
darts, *fléchettes*

2 Relie chaque indice à la bonne réponse.

1. Sort of *hachis Parmentier*. ○	○ **a.** usually after work
2. Example of names for a pub. ○	○ **b.** 60,000
3. Game people play in pubs. ○	○ **c.** bangers and mash
4. What people do in pubs. ○	○ **d.** pub
5. Cheese, bread and pickles. ○	○ **e.** beer and cider
6. Number of pubs in the UK. ○	○ **f.** Ploughman's Lunch
7. Examples of dishes in pubs. ○	○ **g.** 11 a.m. to 11 p.m.
8. When do people go to pubs? ○	○ **h.** *The Red Lion, The Bunch of Carrots*
9. Means "sausages and mashed potatoes". ○	○ **i.** shepherd's pie
10. Can be stronger than beer in England. ○	○ **j.** darts
11. Two main drinks in pubs. ○	○ **k.** cider
12. Pubs are open from… ○	○ **l.** fish and chips, meat pies, etc.
13. Abbreviation for "public house". ○	○ **m.** meet their friends, talk, eat, drink and just relax

Big Ben

Big Ben is a famous London clock tower, on the banks of the River Thames. It gives the time to millions of Londoners and tourists every day. It dates from the reign of Queen Victoria, in the 19th century. It took thirty-four years to build it and it was finished in 1858. Big Ben rings every fifteen minutes and you can hear it five miles away! At the beginning, "Big Ben" was not the name of the clock tower but the name of the huge bell inside it (the bell is as heavy as an elephant!). The name probably comes from the Commissioner of Works, Benjamin Hall (he was a big man). On the bell you can read this inscription in Latin: "O Lord, keep safe our Queen Victoria the First".

tower, *tour*
banks, *rives*
century, *siècle*
took, passé de to take, *prendre*
to build, *construire*
rings, *sonne*
away, *de distance.*
1 mile → 1,6 km
beginning, *début*
huge, *énorme*
bell, *cloche*
heavy, *lourd*
Commissioner of Works, *commissaire aux travaux*
Lord, *Seigneur*
keep safe, *protège*

3 Coche la bonne proposition.

1 Big Ben se trouve à :
- O **a.** Dublin
- O **b.** Londres
- O **c.** Liverpool

2 Big Ben est :
- O **a.** une statue
- O **b.** un pont
- O **c.** une tour-horloge

3 The Thames est
- O **a.** un quartier touristique de Londres
- O **b.** un cours d'eau à Londres

4 La construction de Big Ben a duré :
- O **a.** 19 ans
- O **b.** 34 ans
- O **c.** 45 ans

5 En 1858 :
- O **a.** sa construction a commencé
- O **b.** elle s'est achevée
- O **c.** une inscription a été gravée sur la cloche

6 Big Ben sonne :
- O **a.** tous les quarts d'heure
- O **b.** toutes les demi-heures
- O **c.** toutes les heures

7 On l'entend à une distance de :
- O **a.** 20 km
- O **b.** 2 km
- O **c.** 8 km

8 À l'origine, « Big Ben » était le nom :
- O **a.** du Premier ministre
- O **b.** de la cloche
- O **c.** du quartier où elle a été construite

9 La cloche de l'horloge pèse :
- O **a.** aussi lourd qu'un éléphant
- O **b.** plus lourd qu'un éléphant

10 L'inscription figurant sur la cloche concerne :
- O **a.** le commissaire aux travaux
- O **b.** la reine
- O **c.** le maire de Londres

Jenny Greenteeth

Banque de mots

- **skin**, *peau*
- **sharp**, *pointu*
- **to look like**, *ressembler à*
- **seaweeds**, *algues*
- **to haunt**, *hanter*
- **pond**, *étang*
- **to frighten**, *faire peur à*
- **alone**, *seul*
- **safe**, *prudent* (ici)

4 **Détache les mots au bon endroit pour former 6 phrases qui te parleront de la légende de Jenny Greenteeth. Puis, dis si les affirmations ci-dessous sont correctes ou non.**

a. JennyGreenteethisalegendarywatermonsterintheEnglishfolklore.
→ ....

b. Shehasgotgreenskin,verysharpteeth,andverylongarmslikebranches.
→ ....

c. Herhairlookslikeseaweeds.
→ ....

d. Storiessaythatshehauntsriversandpondsandthatsheeatsthechildrenwhogonearthewater.
→ ....

e. Parentsusethestorytofrightenchildren.
→ ....

f. Theytellthemtheymustnotgonearthewateralonebecauseitisnotsafe.
→ ....

VRAI	FAUX	
☐	☐	**1.** Jenny Greenteeth fait partie du folklore écossais.
☐	☐	**2.** Jenny Greenteeth a de longs bras qui ressemblent à des branches.
☐	☐	**3.** Jenny Greenteeth a des cheveux en épines.
☐	☐	**4.** Les parents utilisent la légende de Jenny Greenteeth pour aider les enfants à dormir.
☐	☐	**5.** Les parents utilisent la légende de Jenny Greenteeth pour que les enfants n'aient pas peur de l'eau.

The story of ketchup
L'histoire du ketchup

Contrairement à ce que l'on pense souvent, le ketchup ne vient pas des États-Unis. La toute première recette, appelée *ketsiap*, vient de la Chine du VIe siècle. Le *ketsiap* était une préparation à base de poisson fermenté et de sel, et ne contenait pas de tomate. Des négociants britanniques l'ont importée en Europe au XVIIIe siècle. Mais jusqu'au XIXe siècle, les Européens et les Américains pensaient que les tomates étaient toxiques.

Dans un premier temps, les Britanniques se sont contentés de copier la recette chinoise en y ajoutant des noix et des champignons. En 1812, un médecin et scientifique de Philadelphie nommé James Mease modifia cette recette en utilisant des tomates. Mais c'est le célèbre Henry J. Heinz qui commença à produire le ketchup que nous connaissons aujourd'hui. En 1876, il améliora la recette de Mease en utilisant des tomates très mûres et en ajoutant beaucoup de sucre et du vinaigre !

5 **Remets les mots dans l'ordre pour former des phrases correctes, puis coche si elles sont vraies ou fausses (right or wrong).**

	VRAI	FAUX
1. comes / Great Britain / from / *ketchup* ➜	☐	☐
2. *ketsiap* / from / Chinese / the / comes / ketchup / word / the ➜	☐	☐
3. salt / tomato / fish / and / was / in / there / *ketsiap* ➜	☐	☐
4. mushrooms / added / to / the / British / and / *ketsiap* / nuts ➜	☐	☐
5. did / not / Europeans / eat / and / Americans / tomatoes / in / century / the / eighteenth ➜	☐	☐
6. Philadelphia / from / a / Heinz / scientist / was ➜	☐	☐
7. Heinz / green / tomatoes / added / and / sugar / vinegar ➜	☐	☐

Christmas traditions in Great Britain
Traditions de Noël en Grande-Bretagne

A gingerbread man is a biscuit. It has got a human shape. Queen Elizabeth I, in the 16th century, was the first to offer gingerbread men to her guests. The biscuit recipe uses spices (cinnamon, ginger, nutmeg and cloves). British people traditionally eat them during Christmas time. You probably know the tale "The Gingerbread Man". In this story a gingerbread man runs very fast and no animals can catch him. But at the end the fox does!
Another Christmas tradition is the pulling of crackers. What are crackers? They are tubes wrapped up like sweets. London sweet maker Tom Smith invented them in the middle of the 19th century. He copied the appearance of French sweets and put riddles in them. It was not a success, so he then put toys in them. Today, crackers usually contain paper hats, a toy or a small gift and a joke. English people pull them apart during the Christmas lunch.
After or during lunch, at 3 o'clock, there's another Christmas tradition: many British listen to the Queen's Christmas message on television. She started this Christmas message tradition in 1957.

gingerbread, *pain d'épice*
shape, *forme*
guests, *invités*
recipe, *recette*
spices, *épices*
cinnamon, *cannelle*
ginger, *gingembre*
nutmeg, *muscade*
cloves, *clous de girofle*
tale, *conte*
fast, *vite*
catch, *attraper*
fox, *renard*
to pull, *tirer*
wrapped up, *enveloppés*
sweets, *bonbons*
sweet maker, *confiseur*
riddles, *devinettes*
toys, *jouets*
gift, *cadeau*
pull them apart, *déchirent*

6 **Trouve les mots anglais correspondant aux définitions dans la grille suivante (attention, certains mots sont à l'envers !).**

1. Noël en anglais ➜ ....
2. Le **gingerbread man** en est un type ➜ ....
3. Reine anglaise du XVIe siècle ➜ .... I.
4. Épice dans la recette du **gingerbread man** ➜ ....
5. Signifie *conte* en anglais ➜ ....
6. Il attrape le Gingerbread Man dans le conte ➜ ....
7. Tubes de Noël ressemblant à des bonbons ➜ ....
8. *Bonbons* en anglais ➜ ....
9. Il y en a généralement un dans les crackers ➜ ....

J	A	V	E	Y	J	H	O	N	J	G	S
X	O	U	S	L	R	J	R	Y	S	G	T
X	H	K	D	Z	I	U	V	R	G	E	E
S	Q	Q	E	S	H	Z	E	J	K	M	E
F	D	N	E	T	K	K	A	T	H	T	W
V	Y	V	A	Y	C	P	O	B	O	U	S
D	E	L	H	A	S	Y	T	X	E	N	C
N	E	L	R	B	I	S	C	U	I	T	O
Z	T	C	H	R	I	S	T	M	A	S	H
H	C	E	E	P	S	H	I	F	O	X	G

A great English invention: the toothbrush!
Une grande invention anglaise : la brosse à dents !

C'est un Anglais, William Addis, qui inventa la brosse à dents en 1770. Avant l'existence de la brosse à dents, les gens utilisaient des plumes ou des cure-dents en bois pour se nettoyer les dents ; ils pouvaient aussi se frotter les dents avec du sel ou du suif ! Addis eut l'idée d'utiliser un petit os et d'y faire un trou pour y passer des poils : le principe de la brosse à dents était né ! Son idée le rendit très vite riche. Son entreprise (Wisdom Toothbrushes) existe toujours aujourd'hui. Elle produit environ 70 millions de brosses par an !

7 **Right or wrong? Entoure la bonne réponse pour chacune de ces affirmations et apporte des corrections si nécessaire.**

Affirmation	Vrai ou faux ?	Correction éventuelle
1. William Addis invented the toothbrush in seventeen seventeen.	R – W	
2. Before the toothbrush people sometimes used salt to clean their teeth.	R – W	
3. Addis used a bone (➜ *os*) to make his first toothbrush.	R – W	
4. Addis's idea was not a success.	R – W	
5. Wisdom Toothbrushes stopped (to stop ➜ *arrêter*) making toothbrushes 70 years ago.	R – W	

Scotland
L'Écosse

L'Écosse a rejoint la Grande-Bretagne en 1707. Selon la tradition, la société écossaise était organisée en clans, qui partageaient un nom et un même tartan (motif d'impression sur les vêtements, comme le kilt). Voici quelques noms de clans célèbres : Campbell, Cunningham, Douglas, MacDonald, Macfarlane, Mackenzie, MacLeod. Comme tu peux le remarquer, de nombreux noms de famille écossais commencent par le préfixe **Mac**, qui signifie *fils de* (parfois écrit **Mc**). Tu sais certainement que l'instrument le plus typique du pays est la cornemuse. Mais sais-tu que les deux principales villes sont Édimbourg (la capitale) puis Glasgow ?

cornemuse, **bagpipe**
imperméable, **raincoat**
to roll, **rouler**

Les Écossais sont de grands inventeurs et créateurs : John Logie Baird inventa la télévision (en 1925) ; Alan MacMasters, le grille-pain électrique (en 1893) ; Alexander Fleming, la pénicilline (en 1928) ; Charles Macintosh, l'imperméable en 1824 (l'expression **a Mac** est d'ailleurs toujours utilisée pour dire **a raincoat** en anglais). Enfin, le personnage de Peter Pan a été créé par J. M. Barrie, lui aussi écossais. Cependant, la célèbre boisson nationale, le whisky, n'est pas une invention écossaise, mais chinoise !

Savais-tu qu'il y avait beaucoup de personnes rousses en Écosse (13 % de la population) ? et que les Écossais parlent anglais, mais avec un accent particulier ? Ils roulent les *r*, par exemple !

8 Remets les lettres du mot clé dans l'ordre dans chacune des phrases suivantes

1. Scotland joined the United Kingdom in 170... **NEVES** → ....
2. Clans share (*partager*) a common **NATRAT** → ....
3. Many Scottish names contain the prefix **CMA** → ....
4. Name of a famous clan: **CEDOLAM** → ....
5. Alexander **MIGLENF** → .... invented the penicillin in 1928.
6. Charles Macintosh invented the **ATRICANO** → .... in 1824.
7. The Scottish writer J. M. Barrie created **TREPE NAP** → ....
8. **YKHISW** → .... is not a Scottish but a Chinese invention.
9. The second main Scottish city is **WOGALGS** → ....

Ireland
L'Irlande

La capitale de l'Irlande est Dublin. Les autres villes principales du pays sont Cork, Galway et Limerick. La fête nationale du pays, la Saint-Patrick, se célèbre le 17 mars. Ce jour-là, les Irlandais portent du vert, la couleur nationale. La couleur officielle n'a pas toujours été le vert, mais le bleu. Certains disent que le vert l'est devenu pour des raisons religieuses et politiques, les plus romantiques affirment que cela vient de l'aspect rural et vert du pays, surnommé « l'Île émeraude ». C'est peut-être tout simplement parce que le symbole national, le trèfle à quatre feuilles, est lui-même de cette couleur !

En Irlande, le mouton est roi et on en voit partout, même sur les routes ! Il y a 4,6 millions d'habitants en Irlande pour 4,7 millions de moutons !

Personnage issu du folklore irlandais, le **leprechaun** est un autre symbole du pays. Les **leprechauns** sont censés être de riches cordonniers, qui cachent leur pot d'or au bout des arcs-en-ciel.

De nombreux noms de famille irlandais commencent par le préfixe « **O'** ». Ainsi, O'Brien, O'Connor ou O'Sullivan sont des noms classiques. Ce préfixe signifie *descendant de*.

Les Irlandais sont aussi de grands inventeurs et créateurs. Lorsque l'on pense aux boissons irlandaises, ce sont immédiatement la célèbre bière Guinness et le whisky qui viennent à l'esprit, mais savais-tu que le chocolat chaud est une invention irlandaise ? Les Irlandais ont également inventé le sous-marin et l'air conditionné. C'est aussi un Irlandais, Vincent Barry, qui a découvert le traitement contre la lèpre.

L'Irlande compte en outre de nombreux écrivains célèbres comme Oscar Wilde, G. B. Shaw et Jonathan Swift, auteur des *Voyages de Gulliver*. Ce livre raconte l'histoire de Gulliver, qui se réveille un jour dans un pays appelé Lilliput. Ce pays est habité par des créatures minuscules, les Lilliputiens (ce mot est d'ailleurs passé dans la langue française, où il signifie *minuscule*).

9 Coche la ou les bonne(s) réponse(s).

1. This city is not Irish:
- ○ **a.** Glasgow
- ○ **b.** Galway
- ○ **c.** Cork

2. St. Patrick's Day is on the:
- ○ **a.** seventh of March
- ○ **b.** seventeenth of May
- ○ **c.** seventeenth of March

3. Ireland's nickname[(1)] is:
- ○ **a.** The Sheep Isle
- ○ **b.** The Emerald Isle
- ○ **c.** St. Patrick's Isle

4. What is a shamrock[(2)]?
- ○ **a.** a sort of leaf[(3)]
- ○ **b.** a beer
- ○ **c.** a mythical character

5. This mythical character is a rich shoemaker[(4)]:
- ○ **a.** a Lilliputian
- ○ **b.** a leprechaun
- ○ **c.** a shamrock

6. There are more sheep than people in Ireland:
- ○ **a.** wrong
- ○ **b.** right

7. The prefix « O' » means[(5)]:
- ○ **a.** descendant of
- ○ **b.** son of
- ○ **c.** brother of

8. These are Irish inventions:
- ○ **a.** the submarine
- ○ **b.** the toothbrush
- ○ **c.** hot chocolate

9. He is not an Irish writer:
- ○ **a.** Charles Dickens
- ○ **b.** Oscar Wilde
- ○ **c.** G. B. Shaw

10. Jonathan Swift wrote[(6)]:
- ○ **a.** *Lilliputians*
- ○ **b.** *Lilliput*
- ○ **c.** *Gulliver's Travels*

11. The Lilliputians are:
- ○ **a.** very small
- ○ **b.** very tall
- ○ **c.** very fat

(1) *surnom* (2) *trèfle* (3) *feuille* (4) *cordonnier*
(5) to mean → *signifier* (6) prétérit de *to write*

Columbus Day and the Indians
Le Jour de Christophe Colomb et les Indiens

A. **Columbus Day is on the second Monday of October. It celebrates Christopher Columbus's arrival on the American continent on October 12th, 1492. Christopher Columbus landed in America and first saw the native people in 1492. He called them Indians because he thought he was in India! In the United States of America, Indians are called "Native Americans". Some people do not celebrate this day because they say the Europeans destroyed the Indians' culture there.**

Columbus Day and the Indians (suite)
Le Jour de Christophe Colomb et les Indiens

B. At the time there were more than 50 tribes. You probably know the main ones: the Inuits, the Iroquois, the Mohawks, the Cheyennes, the Sioux, the Apaches and the Cherokees. They were 90 million when Europeans colonized North America. Unfortunately, Europeans killed many of them or put them in reservations (land set aside by the USA for the Native Americans). Many also died from illnesses like the flu or the plague. Today, they are about 50 million. They became citizens of the USA in 1969. Many live in reservations, in poor conditions and are unemployed. They now try to attract tourists to preserve their culture and make money with casinos!

C. One of the famous Indian leaders was Sitting Bull, Chief of the Sioux. In 1874, they discovered gold on the Sioux's lands in the South of Dakota. The United States wanted to take the gold and they wanted to put the Sioux in a reservation. Sitting Bull refused. On June 25, 1876, the American general Custer attacked the Sioux but the Indians won at a very important battle called Little Bighorn. Unfortunately for the Sioux, more United States troops arrived in South Dakota and Sitting Bull escaped to Canada. In 1881, he surrendered to the United States and lived in a reservation.

landed, *débarqua*
are called, *sont appelés*
at the time, *à cette époque*
tribes, *tribus*
the main ones, *les principales*
unfortunately, *malheureusement*
killed, *tuèrent*
put, *mirent*
land set aside, *terres à part*
died, *moururent*
illnesses, *maladies*
flu, *grippe*
plague, *peste*
unemployed, *sans emploi*
to attract, *attirer*
to surrender, *se rendre*

10 **Détache les mots clés (les majuscules ont été enlevées), puis place chacun d'eux à côté de la description qui lui correspond.**

littlebighornsiouxnativeamericanssittingbulldakotareservationapachescustercasinoscolumbus

1. Il arrive sur le continent américain en 1492 → ....
2. Célèbre chef de tribu des Sioux → ....
3. Deux célèbres tribus indiennes → ....
4. Célèbre général américain, battu par Sitting Bull → ....
5. Bataille remportée par Sitting Bull contre l'armée américaine → ....
6. État dans lequel les Sioux vivaient → ....
7. Terre à part destinée aux Indiens chassés de leurs territoires → ....
8. Nom que donnent les Américains aux Indiens → ....
9. Lieux de jeux gérés par les Indiens sur leurs réserves → ....

The American Revolution
La révolution américaine

The British settled colonies in North America at the beginning of the 17th century. A century later, the colonists wanted their independence and rejected the English authority. They declared their Independence on July 4, 1776 and then founded the United States of America. George Washington was the 1st President. Today, the 4th of July is the National Day (like the 14th of July in France). On that day, American people do not go to work, they watch patriotic parades, watch fireworks, go to picnics and concerts.

To celebrate the independence, France offered the USA the Statue of Liberty. It stands on Liberty Island, in New York harbor. It was brown but it is green now because the water and the wind changed its colour. It represents Libertas, the Roman goddess of liberty. At her feet, there are broken chains representing freedom. The torch in her hands symbolizes enlightenment and the seven spikes on her crown represent the 7 continents of the world. She holds a tablet with the date of the Declaration of Independence on it.

The British, *les Britanniques*
to settle, *installer*
century, *siècle*
parades, *défilés*
fireworks, *feux d'artifice*
stands, *se tient*
harbor, *port*
Roman goddess, *déesse romaine*
broken, *cassées*
freedom, *liberté*
enlightenment, *connaissance*
spikes, *points, pics*
crown, *couronne*
world, *monde*
to hold, *tenir*

Jules récite sa leçon sur la révolution américaine. Il a commis 5 erreurs, lesquelles ?

1. Les Britanniques ont fondé des colonies en Amérique du Nord au XVIIe siècle.
2. Les États-Unis d'Amérique ont été fondés le 4 juin 1776.
3. Le premier président des États-Unis d'Amérique a été Thomas Jefferson.
4. La fête nationale américaine est le 4 juillet.
5. Le 4 juillet, les Américains travaillent, mais vont voir des concerts et des feux d'artifice le soir.
6. La France a offert la statue de la Liberté aux USA pour célébrer leur indépendance.
7. La statue se trouve à Washington.
8. La statue est verte à cause de la pluie et du vent, mais au début elle était marron.
9. Elle tient à la main une couronne et une tablette sur laquelle est écrite la date d'indépendance des États-Unis.

India
L'Inde

India was a British colony (under the reign of Queen Victoria). It gained independence in 1947. The two official languages in the country are Hindi and English. Its capital city is New Delhi. The national flower is the lotus and the national animal the Bengal tiger. Indian society has social ranks called "castes". Cricket is very popular there, it's the national sport and the country has a very good team (they won the Cricket World Cup in 2011).

Many people are Hindus and consider as sacred:

- cows: you can see many in the streets;
- the river Ganges (or Ganga). They bathe in it because they believe that it purifies their soul from the bad things they did in the past.

The Taj Mahal is a famous monument in the North of India. It is a white marble mausoleum (monument tomb for rich people). The emperor Shah Jahan ordered it for his wife when she died in the 17th century.
Indians drink a lot of tea. India is a great producer of tea (they cultivate 28% of the world production, Darjeeling tea is very famous). Chai tea is typically Indian, they make it with black tea, milk, sugar and spices like ginger.

Oh, one last thing: did you know that the Indians invented chess?

to gain, *gagner, obtenir*
ranks, *rangs*
team, *équipe*
won, prétérit de to **win**, *gagner*
as sacred, *comme sacrées*
bathe, *se baignent*
soul, *esprit*
ordered, *commanda*
famous, *célèbre*
typically, *typiquement*
chess, *les échecs*

12 **Remplis les mots croisés suivants en anglais.**

Across (*horizontal*)

1. Jeu inventé par les Indiens.

5. Le Darjeeling en est un type.

6. Capitale indienne.

7. Symbole floral indien.

9. Année de l'indépendance indienne : *nineteen ....-seven*

10. Couleur du Taj Mahal.

11. Animal sacré en Inde.

Down (*vertical*)

2. Autre langue officielle, avec l'anglais.

3. Rivière sacrée en Inde.

4. Sport populaire en Inde.

8. Animal symbole de l'Inde : Bengal ....

Australia
L'Australie

Le nom de l'Australie vient du latin *australis*, qui signifie sud. En 1770, le capitaine James Cook arrive en Australie. En 1788, les Britanniques y établissent leur première colonie. Jusqu'au milieu du XIXe siècle, ils utilisent leur nouvelle conquête pour y expédier leurs prisonniers ! Puis, la nature de l'immigration change avec la découverte d'or dans le pays, les immigrants libres venant s'y installer pour faire fortune. L'Australie est un État indépendant depuis 1901, mais fait partie du Commonwealth britannique (groupe associatif formé par la Grande-Bretagne avec ses anciennes colonies). On trouve donc à sa tête… la reine Élisabeth II d'Angleterre !

L'Australie est à la fois un continent et une île. La faune y est très riche, on y trouve notamment 80 millions de chameaux. Le pays abrite également de nombreuses espèces d'araignées et de serpents dangereux ! Y vivent aussi des animaux qu'on ne trouve nulle part ailleurs dans le monde.

L'Australie abrite bien sûr deux symboles nationaux : le kangourou et le koala. Leurs petits s'appellent tous des joeys. Savais-tu que koala signifie « ne boit pas » en aborigène ? Ce petit animal peut en effet rester des jours sans boire, se contentant de l'eau contenue dans sa seule nourriture : les feuilles d'eucalyptus. L'Australie est aussi le pays des émeus, des dingos, des wombats et de l'ornithorynque. Ce dernier est un animal très cocasse : moitié mammifère, moitié aquatique, il possède le bec d'un canard, une queue de castor, une fourrure de loutre et pond des œufs ! Quand les Britanniques en virent un pour la première fois, ils crurent qu'il s'agissait d'une farce !

sud, **south**
prisonniers, **prisoners**
or, **gold**
île, **island**
araignées, **spiders**
serpents, **snakes**
ornithorynque, **platypus**

13 **Tu es en voyage scolaire en Australie. Tu écris un e-mail en anglais à tes parents afin de leur parler de ton expérience. Pour compléter ton e-mail ci-après, utilise les mots clés donnés ci-dessous après avoir trouvé les lettres manquantes.**

a. COMMON_ _ _ LTH
b. ISLA_ _
c. _ _ UTH
d. C _ _ K
e. PRISO_ _ _ _
f. GO _ _
g. SN_KE_
h. SP_D_RS
i. P_ _ TYPUS
j. JO_ _ S
k. DRI_ _

Mum and Dad,

I am enjoying[1] my trip[2] in Australia. I now know many things about the country.

Australia is part of the (a.) …………………… of Great Britain and Queen Elizabeth is queen of the Australians. Australia is an (b.) …………………… and a continent. The word "Australia" comes from *australis*. It means (c.) …………………… in Latin. Captain James (d.) …………………… arrived on the island[3] in 1770 and then the British sent[4] (e.) …………………… there. They stopped when they found[5] (f.) …………………… there and many British people went there and became[6] rich.

There are many animals in Australia, some are very dangerous: (g.) …………………… and (h.) …………………… . There's also this strange animal called (i.) …………………… .

It looks like a beaver[7] and a duck at the same time!

Did you know that baby koalas and kangaroos are called (j.) ……………………
and that "koala" means "no (k.)……………………" in the aboriginal language?

(1) *profite de* (2) *voyage* (3) *île* (4) prétérit de **to send** ➜ *envoyer*
(5) prétérit de **to find** ➜ *trouver* (6) prétérit de **to become** ➜ *devenir* (7) *castor*

Langage idiomatique et vie quotidienne

Comme en français, il existe dans la langue anglaise de nombreuses expressions qu'il est utile de connaître pour bien comprendre les gens et se faire comprendre au quotidien dans un pays anglophone. Garde bien à l'esprit que proverbes et expressions ne peuvent pas se traduire mot à mot. Familiarise-toi avec ces faits langagiers en faisant les exercices qui suivent.

14 Langage des échanges sociaux quotidiens : essaie de deviner à quels équivalents français correspondent les expressions suivantes.

1. See you later!	O	O	**a.** Félicitations !
2. See you soon!	O	O	**b.** Joyeux Noël !
3. Congratulations!	O	O	**c.** Pardon ?
4. Have a nice day!	O	O	**d.** Bonne chance !
5. Happy New Year!	O	O	**e.** Bonne année !
6. Good luck!	O	O	**f.** À plus tard !
7. Nice to meet you!	O	O	**g.** À bientôt !
8. Merry Christmas!	O	O	**h.** Enchanté !
9. Excuse me?	O	O	**i.** Bonne journée !

15 Expressions et proverbes courants : essaie de remettre les mots dans le bon ordre pour reconstituer l'équivalent anglais des proverbes suivants.

(1) *couverture* (2) *juger*

1. never / better / late / than :

.... → *Mieux vaut tard que jamais.*

2. cover(1) / book / judge(2) / its / by / don't / a :

.... → *Il ne faut pas juger sur les apparences.*

3. doesn't / trees / money / grow / on :

.... → *L'argent ne pousse pas sur les arbres.*

4. money / time / is :

.... → *Le temps, c'est de l'argent.*

5. raining / it's / and / cats / dogs :

.... → *Il pleut des cordes.*

16 Expressions avec un comparatif d'égalité : en donnant le mot correspondant à l'illustration dans chaque exemple (tu connais tous ces mots !), tu trouveras des expressions anglaises courantes.

1. As easy as  .... → *Super facile !*

2. As sick as a  .... → *Malade comme un chien* (très malade).

3. As white as .... → *Blanc comme neige* (pur, innocent).

4. As hungry as a  .... → *Affamé.*

17 Dans la liste d'onomatopées se trouvent les équivalents de nos **miam**, **beurk** et **aïe** français. Essaie de deviner dans quelle scène placer chaque onomatopée, cela te donnera l'occasion de les apprendre !

Yummy!
Yuck!
Ouch!

18 David utilise des termes très familiers. Apprends-en quelques-uns en essayant de deviner ce qu'il dit (coche la bonne proposition).

1. The movie was awesome! il a vu un film : ○ **a.** nul ○ **b.** génial ○ **c.** très long

2. Your brother's mental. il dit que ton frère est : ○ **a.** super intelligent ○ **b.** bête comme ses pieds ○ **c.** fou

3. I want a sarnie. il veut : ○ **a.** un sandwich ○ **b.** une sardine ○ **c.** un soda

4. Do you like spuds? Il te demande si tu aimes : ○ **a.** les pommes de terre ○ **b.** les lentilles ○ **c.** les insectes

5. My mum's going bananas. Sa mère : ○ **a.** s'endort ○ **b.** lui balance des bananes ○ **c.** devient dingue

6. My friend wants to be a cop. Son ami veut : ○ **a.** essayer un nouveau jeu ○ **b.** inviter une fille ○ **c.** être policier

7. Where's my hoodie? Il cherche : ○ **a.** son sweat à capuche ○ **b.** son sac à dos ○ **c.** son MP3

8. Do your parents have wheels? il demande si tes parents ont : ○ **a.** une moto ○ **b.** un bateau ○ **c.** une voiture

19 **La minute cracra ! En t'aidant des phrases ci-après, essaie de deviner à quelles traductions ci-dessous correspondent les mots en gras.**

- The twins do not smell[1] good ➜ they **stink**. And Steve is **farting**, it stinks!
- Blow your nose[2] Paul, you've got a **bogey**.
- Jessica drank a soda and **burped**.
- Harry has got a stomach bug[3], he is **throwing up**.
- Iris is a teenager and she's got **pimples** on her face[4].
- Mrs Gore has got **warts** on her face, like a witch![5]

(1) *sentir* (2) **to blow** + adj. possessif + **nose** ➜ *se moucher* (3) **stomach bug**, gastro
(4) *visage* (5) *sorcière*

2. bouton ➜ ....

5. verrue ➜ ....

3. vomir ➜ ....

6. roter ➜ ....

1. péter ➜ ....

4. crotte de nez ➜ ....

7. puer ➜ ....

Did you know that?

En Angleterre, la loi autorise les femmes enceintes à faire pipi n'importe où, même dans le casque d'un **bobby** (*policier anglais*) ! **Gross** (*dégueu*) !

Bravo, tu es venu à bout de la partie culture et civilisation ! Il est maintenant temps de compter les icônes et de reporter le résultat en page 128 pour l'évaluation finale.

Grammaire

Unité 1

1 **Q** [kiou] ; **C** [si] ; **G** [dji] ; **U** [iou] ; **X** [èks] ; **A** [èï] ; **I** [aï] ; **W** [deub^eu^liou]

2 **1.** NOAH **2.** JIM **3.** LENNY

3 **1.** he **2.** she **3.** it **4.** they

4 **1.** I **3.** he **6.** we **7.** you

5 **Is/'s :** she, it, he ; **Are/'re :** they, you, we ; **Am/'m :** I

6 **1.** Are they? **2.** I am/I'm not. **3.** Is she? **4.** Is it? **5.** He's not. **6.** He is/'s. **7.** You're. **8.** I'm not.

7 Hello, I'm Lucy. What's your name? Hi, I'm Paul. How are you? I'm all right, thanks, and you? I'm fine, thanks!

8 **1.** b ; **2.** a ; **3.** c

9 **a.** I'm terrible! **b.** I'm not fine! **c.** I'm well, thank you! **d.** Are you all right? **e.** I'm great!

10 **1.** Is she tired? **2.** Yes, it is. **3.** Is the cake good? **4.** Yes, they are. **5.** No, it's not. **6.** Yes, he is.

11 **1.** She is sad. **2.** The cake is not bad → It is good.

12 **1.** The boys are not tired. / The boys aren't tired. **2.** I am sorry. / I'm sorry. **3.** Is she angry? (pas de forme contractée) **4.** You are not sick. / You're not sick. / You aren't sick.

13 **1.** an **2.** a **3.** a **4.** an **5.** a **6.** an **7.** a **8.** a

14 **[DHeu]** : dog, ball ; **[DHi]** : apple, egg

15 **1.** a cat **2.** the boy **3.** an umbrella **4.** the woman

16 **1.** halves **2.** cats **3.** eggs **4.** mice **5.** lives **6.** men **7.** teeth **8.** foxes **9.** buses **10.** tomatoes **11.** families **12.** children **13.** ladies **14.** wolves **15.** elephants **16.** boys **17.** girls **18.** umbrellas **19.** kisses **20.** brushes **21.** churches

17 **1.** No, she isn't. She's in the living room. **2.** Yes, he is. **3.** No, it's not. It's in the bedroom.

18 **1.** Where's the dog? **2.** Where's Louisa? **3.** Where's the cat? **4.** Where's the carpet? **5.** Where are the toothbrushes?

19 **A. 1.** there **2.** here **3.** downstairs **4.** upstairs **B. 1**f ; **2**e ; **3**d ; **4**g ; **5**a ; **6**c ; **7**h ; **8**b

20 **1.** cooker **2.** fridge **3.** bathroom sink **4.** shower **5.** bath **6.** wardrobe **7.** stairs **8.** bed **9.** television **10.** curtain **11.** window **12.** sofa **13.** toothbrush **14.** toothpaste **15.** towels **16.** armchair **17.** bottle **18.** glass **19.** plate

21 **A.** My name is Mary Sanders. / [ès] [èï] [èn] [di] [i] [âr] [ès] **B.** First name : Mary / Last name : Sanders **C.** À toi de jouer avec tes nom et prénom !

22 **1.** She's Vera Norman. Her name is Vera Norman. Her last name is Norman, her first name is Vera. **2.** He's Tim Adams. His name is Tim Adams. His last name is Adams, his first name is Tim.

23 **1.** Their **2.** Its **3.** Our

24 **a.** What's your name? **b.** What's their name?

25 These are men. / That is a child. / This is a rabbit. / Those are sofas.

26 **1.** What's this? **2.** What are these? **3.** What are those? **4.** What is that? **5.** No, that's not a fridge. That's a table. **6.** Yes, these are chairs. **7.** No, this isn't a sofa. This is a bed. **8.** Yes, those are towels.

27 **1.** sister **2.** father **3.** wife **4.** son **5.** girlfriend

E	F	A	T	H	E	R	S	E	A
L	R	P	A	I	S	A	T	F	M
E	I	P	B	W	I	F	E	R	O
V	E	L	L	I	S	S	E	I	U
E	N	E	E	N	T	A	I	S	S
N	D	S	O	A	E	P	T	O	E
G	I	R	L	F	R	I	E	N	D

28 **a.** Who is this? **b.** This is Paul, my neighbour. **c.** This is Robert, my friend.

29 **1.** right **2.** wrong **3.** wrong

30 **1.** This is her father. His name is James. He is Irish. **2.** This is her friend, Rodrigue. He is Spanish. His last name is Fernandez. **3.** This is Pietro, her husband. He is Italian. **4.** This is their neighbour. He is Chinese and his name is Kim.

31 **1.** Hello, my name's Davis, what's your name? **2.** Hello, my name's Hilda. **3.** How are you? **4.** I'm very well, thank you. And you? **5.** I'm fine, thanks. What's your nationality? **6.** I'm German.

32 **1.** The German flag is black, red, and yellow. **2.** The Irish flag is green, white, and orange. **3.** The Spanish flag is red and yellow.

33 Patrick is an Irish boy. Ruby is American. Tiger is a French dog. This chair is black. This is a grey cat.

34 **1.** yellow **2.** dog **3.** umbrella **4.** blue **5.** red

35 **1.** Yes, it is. **2.** apple **3.** No, it's not. It's green. **4.** Yes, it is. **5.** Yes, it is.

36 **1.** beautiful **2.** good **3.** slim **4.** small **5.** old **6.** tall **7.** nice

37 **1.** selfish **2.** funny **3.** shy **4.** lazy **5.** proud **6.** clumsy

38 Les suspects n° 1 et n° 2.

39 **1.** Their cat is fat and dirty. **2.** This is a small purple box. **3.** Her/His boyfriend is Spanish. He is short and strong. **4.** Your friend is ugly, fat, rude and selfish! **5.** His wife is nice, shy and beautiful.

Unité 2

1 eight = **8** four = **4** nine = **9** six = **6** two = **2**

C	A	T	F	U	R
E	T	W	O	A	N
I	C	E	U	T	I
G	I	L	R	U	N
H	O	U	S	E	E
T	E	A	S	I	X

2 **1.** one, twelve, seven **2.** three, five, ten, eleven

3 **1.** five p.m. **2.** half past four a.m. **3.** a quarter past three a.m. **4.** a quarter to midday **5.** eleven p.m. **6.** ten to ten p.m. **7.** nine a.m. **8.** three to nine p.m.

4 **1.** 21:45 = Good evening! **2.** 8:30 = Good morning! **3.** 15:08 = Good afternoon! **4.** 23:55 = Good night!

5 **1.** b → LUNCH **2.** d → DINNER **3.** c → BREAKFAST **4.** a → SNACK

6 **1.** How old is she? **2.** How old are they? **3.** How old is he? **4.** How old are you?

7 **1.** Pierre **2.** Jess **3.** Jenny **4.** Luna **5.** Karim

8 **A.** Il fallait barrer : **1.** 1, 5, 6, 7 **2.** 1, 3, 7, 3 **3.** 7, 8, 4, 1 **B. 4.** Their cat is thirteen. **5.** His/Her father is forty-seven. **6.** His/Her neighbour is eighty-four. **7.** Our friend is twenty-six. **8.** My girlfriend is twenty-two.

9 **1.** a cat **2.** umbrellas **3.** boys **4.** a chair

10 **1.** Yes, there is. **2.** No, there aren't. **3.** Yes, there is. **4.** No, there isn't. **5.** No, there aren't. **6.** Yes, there is.

11 église, épicerie, arrêt de bus

12 **1.** There are five. **2.** How many girls are there in the class? **3.** There are two. **4.** How many pencil case are there? **5.** How many rubbers are there? **6.** There are three. **7.** How many desks/copybooks are there? **8.** There are four.

13 **1.** how much **2.** any **3.** no **4.** some **5.** any / a lot of **6.** Les trois !

14 Il a oublié : cheese, tomatoes, peas, coffee, eggs

15 **1.** How much is the bike? / It's two hundred and thirty-five pounds. **2.** They are 490 pounds. / They are four hundred and ninety pounds. **3.** How much are the computers? / They are one thousand, two hundred and fifty pounds. **4.** It's 4,800 pounds. / It's four thousand, eight hundred pounds.

16 **1.** forty-fourth **2.** sixteenth **3.** 5th

17 **A. 1.** Louisa **2.** first (1st) **3.** Zack is. **4.** third (3rd) **5.** Joe is. **B. 6.** Vrai. **7.** Faux → The second is Brenda, Liam is the fourth. **8.** Faux → Louisa is the seventh.

18 **A. 1.** boring **2.** easy **3.** disappointed **4.** talkative **5.** expensive **6.** cheap **7.** wonderful **8.** interesting **9.** complicated **B. 10.** This film is boring. **11.** This exercise is easy. **12.** Patrick is talkative. **13.** This car is expensive.

19 **A. 1.** Mike **2.** Mike **3.** Henry **4.** Sally **B. 5.** the first (1st) **6.** the fourth (4th) **7.** the third (3rd) **8.** the second (2nd)

20 **1.** Your sister is not as beautiful as my girlfriend. **2.** His Ferrari is not as cheap as my old car. **3.** My young neighbour is less talkative than you. **4.** P.E. is easier than French. **5.** Chemistry is more interesting than biology. **Traductions :** **1.** Faux **2.** Faux **3.** Faux **4.** Vrai **5.** Faux

21 **1.** Correct. **2.** My father is older than my neighbour. **3.** Cheese is as good as ham. **4.** She's prouder than John. **5.** Correct. **6.** Correct. **7.** Correct.

22 **1.** Water is less expensive than milk. **2.** Orange juice is not as cheap as milk. **3.** Mike is less strong than John. **4.** Olivia is more selfish than Tina. **5.** Tom is younger than Peter.

23 **1.** Monday **2.** Tuesday **3.** Wednesday **4.** Thursday **5.** Friday **6.** Saturday **7.** Sunday

24 **a.** March **b.** April **c.** May **d.** June **e.** July **f.** August

25 **1.** Mardi 17 juin 1954. **2.** Vendredi 22 mars 2012.

26 « How old are they? » **1.** Her birthday is on the fourteenth of July two thousand and six. **2.** His birthday is on the twenty-ninth of August nineteen ninety-nine.

27 **1.** February is in winter. **2.** May is in spring. **3.** August is in summer. **4.** November is in autumn. **5.** winter **6.** hot

E	D	R	F	O	E	F	D	U	K
M	E	E	W	R	F	N	S	V	S
S	N	A	T	I	E	G	U	G	A
A	U	T	U	M	N	I	M	W	A
A	S	F	H	I	E	T	M	G	N
G	Q	E	R	E	M	P	E	O	G
C	T	P	E	A	B	S	R	R	G
E	S	P	X	I	V	M	N	V	A
H	I	O	C	E	L	M	T	H	L
I	F	U	Y	A	C	S	C	T	L

28 **1.** No, it's not. It's raining. **2.** No, it's not. It's sunny. **3.** No, it's not. It's snowing.

29 **1.** London **2.** Paris **3.** What's the weather like today in Amsterdam? It's cloudy. **4.** What's the weather like today in Barcelona? It's sunny.

30 **a.** She's got a pet. **b.** Have they got a cat? **c.** He hasn't got a tie. **d.** What has he got? / What have you got?

31 **1.** he has got no hair **2.** Emma is single **3.** she has got a husband

32 **1.** I've got **2.** has not got **3.** haven't got **4.** has got

33 **1.** My brother hasn't got a goldfish.
2. Has Dan got a big nose?
3. Your mother has got dark hair.

34 **A. 1.** No, she hasn't. **2.** Yes, they have. **3.** Yes, he has. **B. 4.** She's got two. **5.** She's got a goldfish. **6.** What pet have they got

35 Kate.

36 **1.** verbe avoir **2. a** : forme possessive ; **b** : to be

37 **1.** 's **2.** ' **3.** 's **4.** Anna and John's

38 **1.** Whose guinea pig is it? It's Robert's. **2.** Whose goldfish is it? It's Adam's. **3.** Whose scarf is it? It's Dana's. **4.** Whose glasses are these/those? They're Robert's. **5.** Whose tie is it? It's Vera's.

39 **1.** he's our father, he's ours **2.** it's her bike, it's hers **3.** they are his glasses, they are his

40 **1.** theirs **2.** They're **3.** There **4.** Their **5.** There's

41 **1.** mine **2.** yours **3.** ours

Unité 3

1 **1.** writing **2.** laughing **3.** playing **4.** swimming **5.** smiling **6.** crying

2 **1.** Doris is sleeping. – Doris is not sleeping. **2.** Am I wearing a suit? – I'm not wearing a suit. **3.** They're making a cake. – Are they making a cake? **4.** He's playing tennis. – He's not playing tennis. **5.** Are you smiling? – You're not smiling.

3 **1.** They're watching a film. **2.** She's reading a book. **3.** He's playing football. **4.** She's singing a song. **5.** She's making a cake.

R	E	A	D	M	A	K	E
W	A	T	C	H	E	F	O
O	S	I	N	G	R	I	P
F	O	O	T	B	A	L	L
U	N	C	A	K	E	M	A
U	G	I	B	O	O	K	Y

4 **1.** No, she's not. She's taking a bath. **2.** No, they're not. They're swimming. **3.** No, he's not. He's watching TV. **4.** Yes, she is. **5.** No, they're not. They're washing.

5 **1.** She's wearing brown and white sunglasses, a black dress, a pink belt and purple boots. **2.** He's wearing a white T-shirt, a white and blue tracksuit (trousers), and yellow sneakers. **3.** She's wearing blue and white sunglasses, a red hoodie, yellow trousers, and green shoes. **4.** He's wearing a black suit, a grey shirt, a black tie, and black shoes.

6 **Localisation : 1.** Jude's ; baker's **2.** doctor's ; Joe's

To be : 1. Paul's ; he's **2.** Jackie's ; she's

7 1c ; 2f ; 3a ; 4e ; 5b ; 6d

8 **1.** He's going to the station. **2.** She's going to the swimming-pool. **3.** They're going to the baker's.

9 **1.** Who is writing a letter? My girlfriend is. **2.** Where is Marcus going? He's going to the doctor's. **3.** What is your mother doing? She's waiting for the bus. **4.** Why are you running? Because I'm late. **5.** What is your sister wearing? She's wearing a sweater and a skirt.

10 **1.** Who is singing? **2.** Where are you going? **3.** Why are they drinking? **4.** What are you doing?

11 **1.** Why is she sleeping? She's sleeping because she's tired.

2. Why are they smiling? They're smiling because they're happy.

3. Why are they eating? They're eating because they're hungry.

4. Why am I crying? I'm crying because I'm sad.

12 **1.** Yes, she is. **2.** Where is he going **3.** The man in A1. **4.** What is she wearing **5.** He's at the baker's. **6.** Why has she got an umbrella **7.** Because it's cold **8.** What is he doing

13 **1.** eats **2.** sing **3.** washes **4.** live

14 **1.** Does **2.** don't **3.** Do **4.** does **5.** do **6.** doesn't

15 **1.** Snow falls in winter. **2.** Apples grow on trees.

16 **1.** What do Amy and Sarah do? They're teachers. **2.** What does Mark do? He's a farmer. **3.** What does Joseph do? He's a mechanic. **4.** What does Helen do? She's a vet. **5.** What does Alan do? He's a policeman.

17 **1.** Zoe **2.** Vanessa **3.** Liam **4.** Jules

18 **1.** It often rains in autumn. **2.** I usually get up at seven o'clock. **3.** My brothers always exercise in the morning.

19 **1.** I get up at half past seven. **2.** What time do you have breakfast? **3.** I go to school at half past eight. **4.** What time do you have lunch? **5.** What time do you do your homework?

20 **a.** They live in a house, in Sidney. **b.** The children eat a lot of vegetables. **c.** They often go to the restaurant and sometimes to the zoo. **d.** The father plays the drums and he smokes. **e.** They exercise every day. **f.** John and Patrick play rugby on Saturdays. **g.** They go shopping on Mondays. **h.** Annie speaks German and she plays the violin on Wednesdays.

21 **1.** When do you (usually) go to the swimming-pool? **2.** Does your mother smoke? **3.** Where do you (sometimes) go on Saturdays? **4.** Why do you drink milk? **5.** What does her father do?

22 1c ; 2d ; 3b ; 4a

23 **1.** remember **2.** know **3.** think **4.** know

24 **Vertical :** **1.** lemon **3.** mashed potatoes **5.** chips **8.** cherry **10.** chicken. **Horizontal :** **2.** wine **4.** apricot **6.** shrimp **7.** mushroom **9.** honey **11.** sausage **12.** rice **13.** ice cream **14.** grapes

25 **1.** Do they hate lemons? **2.** No, he doesn't. **3.** Does she like shrimps? **4.** Yes, they do.

26 **1.** David hates sausages, he doesn't like chicken but he likes cheese and loves rice. **2.** Simon hates mushrooms, doesn't like lemons but he likes honey and loves grapes. **3.** Petra hates cherries, doesn't like milk but she likes ice cream and loves chips.

27 **1.** She is having a glass of wine. **2.** He is having a shower. **3.** They are having an apple. **4.** We are having breakfast.

28 **1.** I have some bread and grapes every day for breakfast. **2.** On Mondays, I have some rice and shrimps for lunch. **3.** We always have some chicken and tomatoes for dinner.

Unité 4

1 a5 ; b6 ; c8 ; d2 ; e3 ; f7 ; g1 ; h4

2 **1.** Put on **2.** Let's go **3.** Don't wear **4.** Let's make

3 **1.** Brush your teeth! **2.** Tranche le fromage ! **3.** Don't peel the tomatoes! **4.** Appelons Sarah à 5 heures ! **5.** Don't worry!

4 **1.** them **2.** it **3.** her **4.** him **5.** us

5 **1.** to **2.** at **3.** for **4.** to

6 **1.** Kelly **2.** Jules **3.** Aaron

7 **1.** can't **2.** can **3.** can't **4.** can

8 **1.** Yes, they can. **2.** No, he can't. **3.** Yes, he can. **4.** No, she can't.

9 **1.** Can she play the trumpet **2.** Can she speak Chinese **3.** Yes, he can. **4.** can't **5.** Can they draw **6.** Yes, he can.

10 "Can you lend me your pen, please?" ou "Can I borrow your pen, please?"

11 **1.** Can we have chips for dinner? / Can you tidy your bedroom? **2.** Can I go to bed after the film? / Can you set the table? **3.** Can I go shopping? / Can you hoover the floor?

12 **1.** Can you hurry up? **2.** Can he forgive her? **3.** Can she wait for us? **4.** Can you help them? **5.** Can you repeat?

13 **1.** blind **2.** can't hear **3.** can't speak

14 **1.** Where can you run? **2.** Who can speak German? **3.** What can your sister do? **4.** Why can they help?

15 **1.** mustn't – must **2.** must **3.** mustn't **4.** must **5.** must

16 **must :** listen to the teacher, learn their lessons, arrive at school on time, do their homework, get up at 7 to go to school.**mustn't :** use their phones in class, be talkative in class, chat in class, run in the corridors, cheat on their neighbours.

17 **1.** Why must you hurry up? / hurry up **2.** Who must you call? / call **3.** What time must the children go to bed? / go to bed **4.** Where must he go? / go

18 **1.** Louise loves gardening / hates doing crosswords. **2.** Walter loves travelling / hates cycling. **3.** Mark loves roller-skating / hates playing chess. **4.** Suzie loves watching TV / hates running.

19 **1.** painting **2.** dancing **3.** cycling **4.** fishing **5.** hiking

P	C	Y	C	L	I	N	G
A	C	A	N	E	F	A	B
I	D	A	N	C	I	N	G
N	P	E	T	S	S	U	A
T	M	U	S	T	H	T	T
I	O	H	I	K	I	N	G
N	U	E	A	T	N	N	I
G	T	R	U	N	G	O	N

20 **1.** Flying a kite is funny (e). **2.** We do the washing up before going to bed (b). **3.** What about playing cards? (d) **4.** They don't like taking pictures (a). **5.** My mother loves reading detective stories (f). **6.** You must brush your teeth after eating (c).

21 Don't park – You mustn't park – No parking. Don't run – You mustn't run – No running. Don't smoke – You mustn't smoke – No smoking

22 **1.** Simon wants to drink a cup of tea. / He would like to drink a cup of tea. **2.** Jack wants to play cards. / He would like to play cards. **3.** Ophelia & Gilles want to travel. / They would like to travel.

23 **1.** beautician **2.** florist **3.** lawyer **4.** plumber **5.** secretary

24 **1.** I'd like to be a florist. **2.** I'd like to be a beautician. **3.** I'd like to be a lawyer. **4.** I'd like to be a plumber.

25 **1.** going **2.** gardening **3.** to read **4.** roller-skate **5.** to hike **6.** take **7.** travelling **8.** to be

Unité 5

1 **1.** No, they're not. They're going to go fishing. **2.** Yes, she is. **3.** Yes, he is.

2 **1.** I'm not leaving tomorrow. **2.** Are they going to miss the bus? **3.** She's not buying a house next month.

3 **1.** It's not going to snow. / Il ne va pas neiger. **2.** Is he going to do his homework? / Va-t-il faire ses devoirs ? **3.** They're going to help their friend. / Ils vont aider leur ami.

4 **1.** because **2.** so

5 next week (**3**) / tomorrow (**2**) / next month (**4**) / tonight (**1**)

6 **1.** What is he going to do? He's going to do the washing-up. **2.** What is she going to do? She's going to make a cake. **3.** What is she going to do? She's going to read. **4.** What is he going to do? He's going to set the table.

7 **1.** iron (b) **2.** buy (a) **3.** sweep (d) **4.** leave (c)

8 **1.** My parents are not going to buy a new car. **2.** Are my neighbours getting married in June? **3.** I'm cooking dinner tomorrow. **4.** My mother is going to iron my shirt. **5.** I'm not leaving on the 1st of March. **6.** Are you going to hoover?

9 **1.** Tom is buying a schoolbag next week. **2.** It's going to rain tonight.

10 **1.** Yes, she is. **2.** No, he's not. He's going to hoover. **3.** Yes, they are.

11 **1.** It's going to be sunny. **2.** They are washing the dog. **3.** What is he going to do **4.** When are they leaving **5.** She's buying a computer. **6.** No, they're not. They're going to do crosswords. **7.** Why are they going to eat **8.** No, he's not. He's going to brush his teeth. **9.** He's going to miss the train.

12 **1.** smiled / didn't smile **2.** swam / didn't swim **3.** cried / didn't cry **4.** smoked / didn't smoke **5.** went / didn't go **6.** took / didn't take

13 **1.** Did you make a cake? **2.** It wasn't sunny yesterday. **3.** Was he afraid of spiders? **4.** I didn't go to Paris. **5.** She took a shower 2 minutes ago.

14 **1.** had **2.** Were **3.** did – was – was **4.** were **5.** Did – have – was – had

15 **1.** went **2.** exercised – was **3.** Did – do **4.** understood **5.** spoke

16 **1.** to call/called **2.** to go/went **3.** to buy/bought **4.** to know/knew **5.** to eat/ate **6.** to play/played **7.** to break/broke

E	P	L	A	Y	E	D	E
M	A	T	E	E	C	I	B
O	V	N	I	R	W	N	O
R	C	A	L	L	E	D	U
A	A	P	E	A	N	A	G
K	N	E	W	S	T	M	H
E	T	B	R	O	K	E	T

17 **1.** He didn't listen to the teacher. **2.** He made many mistakes. **3.** He slept during the class. **4.** He ran in the corridors. **5.** He didn't do his homework.

18 **1.** Where did you go? **2.** Why were you tired this morning? **3.** When did they get married? **4.** What did he eat two days ago? **5.** Who did crosswords? **6.** What did you do this morning?

19 **1.** Yes, she did. **2.** No, they didn't. The went to the mountain. **3.** Yes, they were.

20 **1.** She broke her ruler. **2.** He bought a calculator. **3.** She ate some pie.

21 **1.** When they were children, the Johns were afraid of frogs and bees. **2.** Emma saw a bear and a wolf at the zoo. **3.** When she was a child, Emma was afraid of spiders and snails. **4.** The Johns saw a monkey at the zoo.

22 **1.** slowly **2.** quickly **3.** happily **4.** politely **5.** nicely **6.** clumsily **7.** quietly **8.** beautifully

23 **1.** He hoovered clumsily. **2.** How did they sing? **3.** He ran quickly. **4.** They sang happily.

Prononciation

1 **[a]** : bag, apple, hat, ham, sad **[â]** : farmer, scarf, garden, dark, carpet **[èï]** : plate, baker, potato, table, name, bacon, lazy **[ô]** : small, salt, bald **[ou]** : umbrella, sofa, Emma

2 **1.** bird, girl, first, third, birthday, thirty **2.** rabbit, sister, chicken, sick, milk, pig **3.** write, nice, pie, bike, child, tie

3 **1.** [è] – fridge, behind **2.** [i] – where, plate **3.** [eu] – write, selfish **4.** muet – desk, evening

4 Les mots mal classés sont : bin, ship, bean, sheep

5 *Sister* et *chicken* devraient être soulignés, pas *week*, *dirty* et *cheat*

6 **a.** fill **b.** file **c.** mad **d.** made **e.** fin **f.** fine **g.** plan **h.** plane

7 **[tch] :** chicken, beach, chip, church, cheese, chair, chocolate, cheat, choose, sandwich, butcher **[ch] :** fish, shampoo, shop, English, shirt, shoes, ship, she's, sheet, kitchen, wash

8 **1.** Hi / I **2.** am / ham **3.** hand / and **4.** at / hat

9 Vrai.

10 **1.** a **2.** an **3.** a **4.** a

11 **ise :** boxes, dresses, beaches, houses, brushes **ze :** eggs, pencils, pies, winds, pears, beds, mushrooms, potatoes, strawberries **s :** socks, cats, chips, desks

12 A2, A5, B3, B4, D5

13 **[t]** : smoked, watched, worked **[d]** : called, cried, loved **[id]/[eud]** : painted, cheated

14 **1.** chalk **2.** dumb **3.** salmon **4.** knee **5.** Christmas

15 July, computer, to believe, chocolate, November, boring, to tidy, potato, selfish, afternoon, to forgive, friendly, to swim, angry, to listen, happy.

16 **1.** e'leven – 'eat – ba'nanas – 'kitchen – 'breakfast **2.** for'got – 'hoodie – 'carpet **3.** He'llo – 'tired – 'sleeping – 'sofa

17 **1.** « cleanit » **2.** [eu 'nèlifeunt] **3.** an open door **4.** bacon and eggs

18 **1.** spring, angry, proud, country **2.** fridge, cry, garage, marry

19 **3.** ✓ **4.** ✓ **5.** ✗ **6.** ✓ **7.** ✓ **8.** ✓ **9.** ✓ **10.** ✓

20 **1.** [ou] **2.** [y] **3.** [y] **4.** [y] **5.** [y] **6.** [ou] **7.** [ou] **8.** [ou] **9.** [y] **10.** [y] **11.** [ou] **12.** [y]

21 **1.** ↗ **2.** ↘ **3.** ↗ **4.** ↘ **5.** ↘ **6.** ↗ **7.** ↘ **8.** ↘

Civilisation

1 **a.** Red Nose Day is **a special day in Great-Britain**, not an Irish festival. It's **every other year**, not every year. It's in **March**, not in June. **b.** It started **in Great-Britain in 1985**, not in Ireland in 1950. People buy **red moses**, not green clothes. The money goes to **charity**, not to the protection of animals. **c.** Correct. **d.** They wear their **pyjamas or red**, not green. **e. New-Zealand**, not Germany.

2 **1**i ; **2**h ; **3**j ; **4**m ; **5**f ; **6**b ; **7**l ; **8**a ; **9**c ; **10**k ; **11**e ; **12**g ; **13**d

3 **1**b ; **2**c ; **3**b ; **4**b ; **5**b ; **6**a ; **7**c ; **8**b ; **9**a ; **10**b

4 **a.** Jenny Greenteeth is a legendary water monster in the English folklore. **b.** She has got green skin,very sharp teeth, and very long arms like branches. **c.** Her hair looks like seaweeds. **d.** Stories say that she haunts rivers and ponds and that she eats the children who go near the water. **e.** Parents use the story to frighten children. **f.** They tell them they must not go near the water alone because it is not safe.

1. Faux (du folklore anglais). **2.** Vrai. **3.** Faux (Ses cheveux ressemblent à des algues). **4.** Faux. **5.** Faux (Ils utilisent cette légende pour que les enfants aient peur de s'approcher de l'eau lorsqu'ils sont seuls).

5 **1.** Ketchup comes from Great-Britain = faux. **2.** The word *ketchup* comes from the Chinese *ket-siap* = vrai. **3.** There was salt, fish and tomato in *ketsiap* = faux. **4.** The British added mushrooms and nuts to *ketsiap* = vrai. **5.** Europeans and Americans did not eat tomatoes in the eighteenth century = vrai. **6.** Heinz was a scientist from Philadelphia = faux. **7.** Heinz added green tomatoes, sugar and vinegar = faux.

6 **1.** Christmas **2.** biscuit **3.** Elizabeth **4.** nutmeg **5.** tale **6.** fox **7.** crackers **8.** sweets **9.** toy

J	A	V	E	Y	J	H	O	N	J	G	S
X	O	U	S	L	R	J	R	Y	S	G	T
X	H	K	D	Z	I	U	V	R	G	E	E
S	Q	Q	E	S	H	Z	E	J	K	M	E
F	D	N	E	T	K	K	A	T	H	T	W
V	Y	V	A	Y	C	P	O	B	O	U	S
D	E	L	H	A	S	Y	T	X	E	N	C
N	E	L	R	B	I	S	C	U	I	T	O
Z	T	C	H	R	I	S	T	M	A	S	H
H	C	E	E	P	S	H	I	F	O	X	G

7 **1.** Wrong. En 1770. **2.** Right. **3.** Right. **4.** Wrong. Il devint riche grâce à elle. **5.** Wrong. Elle en produit toujours 70 millions par an.

8 **1.** seven **2.** tartan **3.** Mac **4.** MacLeod **5.** Fleming **6.** raincoat **7.** Peter Pan **8.** Whisky **9.** Glasgow

9 **1**a ; **2**c ; **3**b ; **4**a ; **5**b ; **6**b ; **7**a ; **8**a et c ; **9**a ; **10**c ; **11**a

10 **1.** Columbus **2.** Sitting Bull **3.** Apaches, Sioux **4.** Custer **5.** Little Bighorn **6.** Dakota **7.** reservation **8.** Native Americans **9.** casinos

11 **2.** 4 juillet 1776

3. George Washington

5. Les Américains ne travaillent pas.

7. Elle se trouve à New York.

9. Elle possède une couronne sur la tête, et dans la main une tablette avec la date d'indépendance des États-Unis.

12 **Across : 1.** chess **5.** tea **6.** New Delhi **7.** lotus **9.** forty **10.** white **11.** cow **Down : 2.** Hindi **3.** Ganges **4.** cricket **8.** tiger

13 **a.** commonwealth **b.** island **c.** south **d.** Cook **e.** prisoners **f.** gold **g.** snakes **h.** spiders **i.** platypus **j.** joeys **k.** drink

14 **1**f ; **2**g ; **3**a ; **4**i ; **5**e ; **6**d ; **7**h ; **8**b ; **9**c

15 **1.** Better late than never. **2.** Don't judge a book by its cover. **3.** Money doesn't grow on trees. **4.** Time is money. **5.** It's raining cats and dogs.

16 **1.** pie **2.** dog **3.** snow **4.** bear

17 De gauche à droite : yummy, ouch, yuck

18 **1**b ; **2**c ; **3**a ; **4**a ; **5**c ; **6**c ; **7**a ; **8**c

19 **1.** to fart **2.** pimple **3.** to throw up **4.** bogey **5.** wart **6.** to burp **7.** to stink

Crédits iconographiques

COUVERTURE : Anne-Sophie Peyer. **INTÉRIEUR :** DR : 12, 24b (tapis), 32, 93, 115hg; fotolia : 44md, 64 (citron), 77b (livres), 89b (grenouilles), 89b (escargots), 95m (chapeau); Shutterstock : 300 librarians : 76bm (vélo); 32 pixels : 41; ADE2013 : 103hd; Aekotography : 74b; Alexander Ryabintsev : 64 (saucisse), 95m (jambon); Alexey_Ulyanov : 35b; alexokokok : 17h, 102b; Altagracia Art : 55b (plat); Anastasia_B : 82mg; andreysharonov : 85g; ankomando : 8hd, 34h; Anna Frajtova : 65md; Annasunny24 : 25, 30b; Anthony Krikorian : 71b (trompette); artiomcik : 40hg; Artisticco : 29b (banane), 106h; asantosg : 109; Atoly : 77 (panneaux); avian : 53mb, 54h (danseuse), 54h (bain); AVS-Images : 29m (réveils); Bakhtiar Zein : 17b; benchart : 20m (lit); Bimbim : 111; bioraven : 55b (pain), 64 (crevette); BlueRingMedia : 118h; Bormotova Nadia : 24h (chien); brgfx : 66m, 69b; bus109 : 76hd (roller); chuhastock : 89 (règle); Colorlife : 70bd; Creatarka : 105; digital_dreamland : 90h; Dooder; 36h (vélo); Duettographics : 119md; eatcute : 30m, 89 (calculatrice); Eduard Radu : 20d (serviette); ekler : 85d; elenabsl : 13, 35hd; ElenaShow : 24b (chat); Elvetica : 14hg (salon), 14hd (chambre), 16hg, 16mg, 33hd; etraveler : 55bd (timbre); Evellean : 79 (robe); Fay Francevna : 69hd; flower travelin' man : 7h, 8m (smileys), 9h (smileys); forden : 38; Fotinia : 23m (chaise), 24b (chaise); girafchik : 110; Giraffarte : 107hg, 107md; GoodVector : 29b(salade); graphic-line : 14 (bébé), 49bd, 77b (cerf-volant); GraphicsRF : 64 (miel); happymay : 82 (vaisselle); hvostik : 78bg (tasse); Iconic Bestiary : 14bg (tapis), 40bd; Igogosha : 14hm (douche), 24h (cuisine); Incomible : 20d (parapluie), 61; Irina Qiwi : 108h; Iriya : 37b; Ivan_Nikulin : 20g (extraterrestre); Jaaak : 23m (chien); jeedlove : 28h; jesadaphorn : 24b (personnages), 43m, 56h (voyageurs), 57, 75bd; johavel : 112bg, 97; Julia Tim : 56h (piscine), 57m, 66bd; K N : 24b (lapins); KanKhem : 71b (livres); karawan : 15m (cartons); Kirill Kalchenko : 117b (neige); KissBeetle : 95m (main); La1n : 36h (ordinateurs); Lindwa : 70hd; liskus : 20g (chiens); Ljudmila Gluzdovskaja : 107b; LOVE YOU : 66hd; Lucky Team Studio : 89b (guêpes); lukpedclub : 106b; Lyudmyla Kharlamova : 14mg, 14bg, 33md; Macrovector : 21g (famille), 21m (famille), 29b (brunch), 46g, 55b (médicaments), 59hd, 75hd, 81h (TV), 88m (chips), 89b (ours), 89b (loup), 99, 104, 117b (ours); Malchev : 89b (singe); MaluStudio : 78hg; maraga : 55b (jambon), 64hg (poulet); mari.nl : 65hd; Maria Zainoullina : 89 (tarte); Marina Hernandez : 29b (soupe); MarinaMay : 31; mart : 79 (maquillage); Mascha Tace : 14bd, 36h (voiture), (brosses à dents); mhatzapa : 19; Millena : 44b, 54b; milo827 : 71b (bouche); miniwide : 54h (chats); Miuky : 16hd, 16md; miumi : 10m (éléphant); Moloko88 : 62, 87h, 88b; moonkin : 64 (frites), 64 (glaces); MSSA : 14hd (chat), 14bd (chat), 15h (chats), 16b (salle de bains), 23m (chat); Mur : 54h (nageurs); MyClipArtStore.com : 98; Naschy : 86; Natalia Aggiato : 46hd; natchapohn : 116; Nattle : 102h; Naty_Lee : 80; nelelena : 100; Netta07 : 64 (riz); NGvozdeva : 115b; NLshop : 76bg (échiquier); NokHoOkNoi : 20g (table); NotionPic : 77h (personnages); notkoo : 79 (bouquet); Olga Zelenska : 76b (chaussures), 90m (chaussures); Olga1818 : 5 (étudiants), 6b, 9b, 11h, 18 (personnages), 22, 23bd, 23bg, 43hg, 49h, 50, 58, 64b (écoliers), 72, 78bg (voyageurs), 81h (poisson et personnages), 87b, 95b, 117hg, 119bd; Orion-v : 56h (gare); Oxy_gen : 48, 56h (magasin); palasha : 23m (enfants); pink pig : 53bd (cuisinière); Pretty Vectors : 10b, 95h; Rashad Ashurov : 90m (aspirateur); rassco : 71b (visages), 79 (visages), 82h, 83, 88m (famille), 89m (visages); ratch : 47b; RATOCA : 89 (araignées) ; Red monkey : 76h (valise); RedlineVector : 60md; Rimma Rii : 14m (jardin); Rimma Zaynagova : 60hg, 71hd; Robles Designery : 63; robuart : 66hg, 82m; Rosa Puchalt : 117b (gâteau); S.Noree Saisalam : 113; Seita : 114b, 115m; Shany Muchnik : 94b; Shtonado : 57, 112hg; sibgat : 6; Sky Designs : 76h (TV); SlyBrowney : 29b (burger); snapgalleria : 114hd; snegok13 : 89h (animaux); Snopek Nadia : 24hg (garçon), 118b; Somchai Wiriyalangkorn : 28b; Spreadthesign : 82md, 96; ST22Studio : 4, 39; Stmool : 59bd; Studio Barcelona : 10hd, 20m (pomme), 24b (pommes); sub job : 88m (montagne); subarashii21 : 21d (chiens); suerz : 90b (chorale); Sujono sujono : 9h (visages), 47h; T-Kot : 79 (outils); Tajuan : 64g (bouteille); Tarikdiz : 60bd; Taxiro : 77b (tasses); theromb : 108bd; tn-prints : 68; Tomacco : 15m (chats), 26, 74hd, 112bd; totallypic : 53bg, 54h (salon); Trikona : 77b (cartes); varuna : 76h (arrosoir); vector : 78bg (cartes); Vector Tradition SM : 64 (fruits), 103hg; venimo : 5m (chien), 8m (chien), 24b (chiens), 56hd (détective), 117b (chien); Vetreno : 14; VikiVector : 84; Visual Generation : 8bd, 57hd (boulanger), 57hg (buveur), 94h; wet nose : 90m (chorale); Wiktoria Pawlak : 76bd (pions); Wilunda Mayurakul : 64h (purée); Yayayoyo : 71 (pouces); Yellowj : 11b; Yurchenko Yulia : 37h; yuriytsirkunov : 73; Yuyula : 55hd; Yuzach : 34b; Zakharchenko Anna : 18b (chien); zzveillust : 14md (niche), 20g (chaises), 36h (chaises).

Bravo, tu es venu à bout de ce cahier ! Il est temps à présent de faire le point sur tes compétences et de comptabiliser les icônes afin de procéder à l'évaluation finale. Reporte le sous-total de chaque chapitre dans les cases ci-dessous puis additionne-les afin d'obtenir le nombre final d'icônes dans chaque couleur et découvre tes résultats !

GRAMMAIRE			
Unité 1			
Unité 2			
Unité 3			
Unité 4			
Unité 5			
PRONONCIATION			
CIVILISATION			
Total, tous chapitres confondus			

Tu as obtenu une majorité de...

Congratulations! Bravo !
Tu t'en es très bien sorti, continue comme ça !

Not bad at all!
Ce n'est pas si mal !
Mais tu peux progresser en refaisant les exercices où tu as fait des erreurs.

Try again! Persévère !
Reprends l'ensemble de l'ouvrage en relisant bien les leçons avant de refaire les exercices.

Conception graphique de la couverture : AllRight
Conception graphique de l'intérieur : MediaSarbacane
Adaptation graphique : Marion Huet
Mise en pages : Marion Huet et Élodie Bourgeois pour Céladon éditions
Réalisation : Céladon éditions, www.celadoneditions.com

Dépôt légal : mai 2017
N° d'édition : 4435

ISBN : 978-2-7005-8165-2
www.assimil.com
Mars 2025
Imprimé en Roumanie par Master Print